Jennie Allen

Du musst niemandem etwas beweisen

Über die Autorin

Jennie Allen ist eine mehrfach ausgezeichnete Autorin, Theologin sowie Gründerin und Leiterin der *IF-Gatherings*, einer Bewegung, die große Frauentreffen organisiert, um Frauen zu ermutigen, auszurüsten und das in ihnen steckende gottgegebene Potenzial freizusetzen. Sie hat am theologischen Seminar von Dallas studiert und lebt mit ihrem Mann, Zac, und den vier Kindern in Austin, Texas.
www.jennieallen.com

Jennie Allen

Du musst *niemandem* etwas beweisen

Von der Lebenskunst, gnädig mit sich selbst zu sein

Aus dem amerikanischen Englisch von
Ingmarie Flimm

Gerth Medien

Für meine beiden Schwestern – und besten Freundinnen –
Brooke und Katie.
Ihr liebt mich, ohne Bedingungen oder Fragen zu stellen.
Egal, was ich tue, egal, was passiert –
euch brauche ich nichts zu beweisen.

Auch in diesem Jahr seid ihr wieder
mit mir durch dick und dünn gegangen.
Durch euch erlebe ich, wie sehr Gott zu uns steht.
Dafür bin ich euch so dankbar!

Inhaltsverzeichnis

Einleitung
Schrecklicher Durst

Warum du zugeben solltest, dass du nach mehr verlangst

Jennie, was hast du denn? Was ist los mit dir?" – Warum müssen meine engsten Freundinnen mich immer mit solchen Fragen löchern? Es war kurz vor Weihnachten und ich hockte während unserer Fahrt nach Houston eingeklemmt auf dem Autorücksitz, von wo aus ich kurz angebundene Antworten gab. Zum einen mangelte es an Sauerstoff im Wageninnern, zum anderen wusste ich, dass mein Leben im Vergleich mit anderen gar nicht so schwer ist, wie es sich manchmal anfühlt.

Damit gaben sie sich aber nicht zufrieden. Vor allem Bekah ließ nicht locker. „Ich sehe es dir doch an, Jennie. Mir kannst du nichts vormachen. Du bist total angespannt. Was stresst dich denn so?"

Ich starrte aus dem Fenster. Tränen drückten sich in meine Augen, aber ich versuchte angestrengt sie zurückzuhalten. Ich konnte nicht zulassen, dass meine Gefühle Oberhand gewannen. Aber je mehr ich darauf beharrte, es sei alles in Ordnung, umso mehr spürte ich ein inneres Unwohlsein, das seit Monaten stetig zunahm. Ich stand tatsächlich permanent wie unter Strom. Nachts lag ich oft wach, angsterfüllt, und versuchte, Gott all meine Sorgen anzuvertrauen:

- die quälende Unsicherheit, ob mein Leben überhaupt von Bedeutung ist.
- die zunehmende Herausforderung, auf die besonderen Bedürfnisse eines unserer Kinder einzugehen.
- den Schmerz darüber, dass meine jüngere Schwester durch einen tragischen Schicksalsschlag schrecklichem Leid ausgesetzt ist.
- den auf mir lastenden Druck, seit die Organisation, die ich leite, immer weiterwächst und mich (über-)fordert.
- meine Erschöpfung und Niedergeschlagenheit.
- all meine Fehler und Schwächen, denn immer wieder behandele ich geliebte Menschen ungerecht, weil ich so gestresst bin.

Will ich das alles wirklich? Was sollte an solch einem Leben bitte gut sein?

Ich versuchte mich zusammenzureißen, wenigstens die paar Stunden Autofahrt nach Houston. Ich antwortete ausweichend und machte die üblichen Ausflüchte in der Hoffnung, dass sich das Gespräch bald etwas anderem zuwendete.

Mein Mund würde verschlossen bleiben.

Aber meine Freundinnen gaben einfach keine Ruhe.

Ich versuchte das Thema zu wechseln. „Wollen wir nicht mal anhalten und etwas essen?“, fragte ich. „Hat außer mir noch jemand Hunger?“

Übereinstimmend erklärten sie mir, dass ich erst etwas essen dürfe, wenn ich ihnen ehrlich sagte, was mit mir los war. Diese verrückt lieben Freundinnen hatten mich in ihrer Gewalt. Mir blieb keine andere Wahl, als mich vor ihnen zu öffnen.

Irgendwo in einem schicken Vorort von Houston entdeckten wir eine kleine Imbissbude und jede von uns bestellte einen Burger. Der Fußboden war schmuddelig, drinnen gab es nur Stehplätze und wir waren die einzigen Gäste. Also drängten wir uns draußen um einen Heizpilz, aber ließen uns dort die besten Burger, die man sich nur vorstellen kann, schmecken.

Die Bedienung kümmerte sich rührend um mich. Sie brachte mir immer wieder frische Taschentücher, während ich vollkommen zusammenbrach und meinen Freundinnen unter Tränen alles offenbarte: mein Gefühl, einfach unzulänglich zu sein. Und die Angst davor, andere Menschen zu enttäuschen, die sich mir anvertraut haben, oder, noch schlimmer, als Mutter zu versagen. Den permanent gefühlten Druck, den ich so verbissen zu ignorieren versuchte, während es mir in Wahrheit keinen Augenblick gelang. Ich war so traurig wegen meiner Schwester, ich zweifelte an Gott, obwohl ich doch Predigten über ihn halte und Bücher über ihn schreibe. Und kurz vor unserer Abfahrt hatte ich im Büro noch eine Praktikantin regelrecht angeschnauzt. Ständig war da dieses Gefühl, dass das, was ich tue, nicht gut ist, nicht gut genug, und einfach nicht ausreichte. All das, was ich eigentlich gar nicht aussprechen, mir nicht einmal selbst eingestehen wollte, brach auf einmal aus meinem Mund hervor.

Zwei ganze Stunden ließen meine Freundinnen mich einfach nur reden. Bereitwillig und ohne irgendein Urteil zu fällen, hielten sie mich an, mir endlich Luft zu machen. Und siehe da: Zum ersten Mal seit langer Zeit konnte ich wieder einmal laut auflachen, richtig aus dem Bauch heraus, tief und befreit lachen.

In diesen zwei Stunden hatte ich förmlich Narrenfreiheit. Es war okay, dass ich mich aufführte, als hätte ich nicht alle Tassen im Schrank. Niemand erwartete irgendetwas von mir, ich musste keine Rolle spielen und der tägliche Druck war wie von mir genommen. Zwar änderte sich dadurch an den äußeren Umständen überhaupt nichts, aber in mir passierte plötzlich etwas. Denn bis zu diesem Augenblick war mir überhaupt nicht bewusst gewesen, dass ich mein Leben nur noch als Schauspielerin versuchte zu bewältigen. Ich stand mit beiden Beinen auf dem schmuddeligen Boden der Burgerbude, vergaß meinen Text, legte alle Masken ab und brauchte mein wahres Gesicht nicht mehr zu verbergen.

Ich musste niemandem mehr etwas beweisen.

Und ein Gefühl tiefer Gnade durchströmte mich. *Danach* hatte ich mich die ganze Zeit gesehnt – nach dieser *Gnade*. Das war mir gar nicht bewusst gewesen, bis ich es mir selbst eingestand, dort auf dem verdreckten Boden beim Burgeressen. Meine Freundinnen verfügten Gott sei Dank über ein Übermaß von dieser ansteckenden Gnade, die von Jesus kommt, und sie ließen diese nun wie aus einer erfrischenden Quelle direkt in meine gequälte, durstige Seele strömen.

* * *

Wer kennt es nicht, diesen Durst, der uns nach Erleichterung lechzen lässt?

Ich bin überzeugt, dass wir alle unter einem gewissen Druck stehen, dass wir uns angespannt fühlen oder eine Last oder eine Schuld auf uns geladen haben – vielleicht auch mehrere Dinge gleichzeitig. Wenn aber jemand sich danach erkundigt, wie es uns geht, geben wir prompt die Standardantwort:

„Gut. Alles bestens. Ausgezeichnet."

Mal ganz ehrlich … bei niemandem ist alles *gut, bestens, ausgezeichnet*.

Ist es nicht unglaublich anstrengend, sich das ständig gegenseitig vortäuschen zu müssen?

Ich bin es leid – und das geht nicht nur mir so.

Mir ist an diesem Tag in der Burgerbude in der Nähe von Houston etwas klar geworden, was uns alle betrifft: **Wir müssen an unserem Leben etwas ändern**.

Willst du auch aufhören, dir selbst und anderen etwas vorzumachen?

Ich glaube, dass auf einen jeden von uns Gnade wartet. Ob in einer Imbissbude oder anderswo.

Trotzdem muss ich an dieser Stelle auch eine Warnung aussprechen, denn es existiert neben Gott eine Macht, die ein Interesse daran hat, alles Gute, Freie, Frieden und Freude in uns zu stören und zu zerstören. Doch wir sind da nicht allein unterwegs. Gott ist mit uns. Nur sollte jeder, der frei und in Gottes Gnade leben will, darauf gefasst sein, auch gegen einige Widerstände kämpfen zu müssen.

In einem Song meines Lieblingsmusikers Ben Rector gibt es folgende, leider allzu wahre Liedzeile: „Manchmal redet der Teufel mit Jesus' Stimme."[1]

Wir lassen uns zuweilen täuschen durch die Lügen und falschen Versprechungen von jemandem, der genau weiß, wie er sich unseren Durst zunutze macht. Nur wenn wir das durchschauen, können wir ihm sein perverses Handwerk legen.

Wenn ich dir schaden wollte …

Wenn ich dir schaden wollte, würde ich Folgendes tun:

- Ich würde dich glauben machen,
  dass du Erlaubnis brauchst, dein Leben selbst in die Hand zu nehmen.
- Ich würde dir einreden,
  dass du ein hoffnungsloser Fall bist.
- Ich würde dich erinnern,
  immer und immer wieder, wie unbedeutend du bist.
- Ich würde dir vorhalten,
  dass Gott ein tadelloses Benehmen von dir erwartet.

Für eine lange Zeit haben solche und andere falschen Annahmen dazu geführt, dass viele Menschen in der Kirche nie den Mund aufgemacht haben. Mittlerweile aber sind viele Menschen aufgewacht. Sie hören Gottes Wort und wollen einstehen für den Glauben. Und wir spüren, wie Gott zu uns spricht, und das setzt einiges in Bewegung. Dass wir uns befreien wollen von solchen Lügen und andere Menschen ebenfalls in die Freiheit führen. Wir lassen uns nicht länger kleinreden.

Wenn ich dir schaden wollte, würde ich dich einlullen und von Gottes Wort ablenken.

Technischer Fortschritt, soziale Medien, Netflix, Reisen, gutes Essen, Alkohol, Komfort – ich würde dich gar nicht mit all den Dingen zu locken versuchen, die bereits als Laster bekannt sind, sonst würdest du ja vielleicht Verdacht schöpfen. Vielmehr würde ich dich mit ganz alltäglichen, belanglosen Dingen umgeben und dir eine richtige Wellnessoase einrichten, in der du dich so wohlfühlst, dass Gott dir immer gleichgültiger wird. Denn dann bedeutet dir diese Komfortzone irgendwann mehr als die bedingungslose Hingabe an Gott und Gehorsam, und du wirst nach und nach den Geist, der dich leitet, liebt und tröstet, ganz vergessen.

Und wenn das nicht funktionieren sollte, würde ich dir dadurch schaden wollen, dass ich deine Persönlichkeit auf die Probe stelle. Ich würde dich glauben machen, du müsstest dich ständig beweisen, denn dann …

- würdest du dich nur noch um dich selbst kreisen statt um Gott.
- würden deine Freunde zu Rivalen.
- würden Kollegen zu Konkurrenten.
- würdest du dich selbst isolieren, weil du glaubst, nicht gut genug zu sein.
- wärst du deprimiert und undankbar über deinen Lebensweg.

Oder …

- du würdest dich ständig mit anderen vergleichen und glauben, dass du besser bist als sie.
- du würdest über Menschen urteilen, die Gott dringend brauchen.
- du würdest andere verurteilen, statt liebevoll auf sie zuzugehen.
- du würdest Dinge, die andere für Gott tun, nicht anerkennen.

Wie auch immer, du hättest keine Freude mehr am Leben, denn du wärst immer auf dich und andere fixiert, nicht auf Jesus.

Und falls du darauf nicht hereinfallen solltest, **dann würde ich dich damit infizieren, dass du missionieren musst – auch wenn du dich selbst dabei von Gott entfernst.**

- Dann würdest du dieses Ziel anbeten, nicht Jesus.
- Du würdest dich mit anderen streiten, wer die wichtigste Rolle spielt.

- Du würdest emotional ausbrennen vor lauter Erschöpfung.
- Du würdest glauben, dass Erfolg sich nur an den Ergebnissen messen lässt.
- Du würdest viel Aufmerksamkeit suchen, statt Gott in den Mittelpunkt deines Lebens zu stellen.

Deine Zeit und Energie würdest du nur darauf verwenden, eine möglichst bedeutsame Rolle zu spielen, statt mehr über Jesus zu erfahren und den Menschen seine Liebe zu zeigen. Du wärst ständig auf der Suche nach mehr Anhängern, nach immer tolleren Jobs, würdest Bücher veröffentlichen und wichtige Ämter übernehmen, anstatt dich um die Seelen der Menschen zu kümmern und Gott zu loben.

Sollte das immer noch nicht funktionieren, würde ich dich leiden lassen.

- Dann würdest du vielleicht glauben, Gott meinte es gar nicht gut mit dir.
- Dein Glaubensfundament würde Risse bekommen.
- Du würdest bitter werden, du wärst abgespannt und erschöpft, anstatt zu wachsen und immer mehr zu werden wie Christus.
- Du würdest versuchen, dein Leben zu kontrollieren, anstatt die Pläne zu akzeptieren, die Gott für dich hat.

Ist es nicht so, dass du dir und der Welt ständig beweisen musst, …

- wie wichtig *du* bist?
- dass *du* die Kontrolle über alles hast?
- dass *du* beliebt bist?
- dass *du* glücklich bist?
- dass *du* dich genug anstrengst?

Im Grunde ist es doch so: Du bist wie in einer Wüste auf der Suche nach Wasser, das lebensnotwendig für dich ist. Aber jedes Mal, wenn du einer dieser Antworten Glauben schenkst, immer wenn du diese Brunnen erreichst, sind sie ausgetrocknet oder es gibt nur einen winzigen Schluck, damit du den falschen Versprechungen auch weiterhin nachläufst. Nie können wir unseren Durst wirklich stillen. Sind wir diesen Einflüsterungen einmal auf den Leim gegangen, hoffen wir, dass unsere Sehnsucht dadurch befriedigt wird – wenn wir uns nur genug anstrengen, wenn wir endlich gut genug sind. Doch letztlich fallen wir auf Trugbilder herein, schenken vorgeschobenen Antworten Glauben, laufen materiellen Dingen nach und wundern uns, *warum dieser quälende Durst nie wirklich aufhört*.

Im Buch Jeremia beschreibt Gott bereits ganz deutlich, was da passiert: „Mein Volk hat eine doppelte Sünde begangen: Erst haben sie mich verlassen, die Quelle mit Leben spendendem Wasser, und dann haben sie sich rissige Zisternen ausgehauen, die überhaupt kein Wasser halten.“[2]

Wasser. Wir Menschen können maximal drei Tage ohne Wasser überleben. Nichts anderes hat eine so elementare Bedeutung für uns wie Wasser.

Sieht man sich die trockenen Regionen der Erde auf der Landkarte einmal an, wird schnell klar, dass Menschen immer dort siedeln, wo es Flüsse oder Seen gibt. **Denn dort, wo Wasser ist, existiert Leben**. Pflanzen, Tiere, aber auch unser aller Leben hängen davon ab. **Wo aber kein Wasser ist, da herrscht Tod**.

Ich vermute, Sie kennen dieses Gefühl durstig zu sein, sonst hätten Sie wahrscheinlich nicht zu diesem Buch gegriffen. Der Durst ist so groß geworden, dass er kaum noch auszuhalten ist, und Ihre Gebete kreisen nur noch darum, endlich von dem lebendigen, ewigen Wasser des Lebens zu trinken. Ich möchte Ihnen dabei helfen, ein Leben ohne diesen quälenden Durst zu führen und ein erfülltes Leben zu finden. Ich kann für mich sagen, dass ich dieses Wasser gefunden habe, und es schenkt mir innere Ruhe. Und ich werde Ihnen zeigen, wo dieses Wasser zu finden ist.

Es ist für alle da. Nicht nur, um im Vorbeigehen den Durst zu stillen, sondern es handelt sich wirklich um eine ewige, nie versiegende Quelle, an der man sich so satt trinken darf, dass anschließend das Wasser aus einem selbst heraus in eine durstige Welt strömt. Doch das Wasser, das Sie dafür brauchen, gibt es nur an einem einzigen Ort.

Und ich sage das gleich hier zu Beginn, es ist kein Geheimnis, Sie kennen vermutlich die Antwort schon, denn auf unseren Durst gibt es nur eine Antwort: Jesus.

„Wer Durst hat, der soll zu mir kommen und trinken", sagt er im Johannesevangelium. „Wer an mich glaubt, von dem wird Leben spendendes Wasser ausgehen wie ein starker Strom."[3]

Er allein ist die Quelle, aus der all das strömt, er ist unsere ganze Hoffnung und unser Ziel.

Das soll mein Ausgangspunkt sein, denn ich will keine leeren Versprechungen machen. Mein einziges Ziel ist es, Ihre durstigen Seelen zur Quelle des lebendigen Wassers zu führen, zu Jesus, denn er ist immer für uns da.

Warum ist das, was einem vielleicht auch schon altbekannt ist, so wichtig zu verstehen?

Nun ja, konkret hat sich an meinem Leben gar nichts geändert, als ich an diesem Tag auf dem schmuddeligen Fußboden in Houston stand. Aber trotzdem ist seitdem nichts mehr, wie es war, denn …

- ich fühle mich nicht mehr allein.
- ich bin erleichtert.
- ich spüre, dass ich geliebt bin.
- ich kann endlich wieder tief durchatmen.
- ich spüre, dass Jesus mich sieht und hält.

Mein Glaube ist seitdem stärker geworden. Und es verschafft mir ein enormes Freiheitsgefühl zu wissen, dass ich in meinem Leben *nichts. Und Niemandem. Etwas. Zu beweisen. Brauche.*

Ich muss allerdings fairerweise dazu sagen, dass es nicht leicht ist, gnädig mit sich selbst zu sein und der permanenten Anstrengung und dem Druck, den wir uns selbst machen, zu entkommen. Versuchen Sie es selbst! In diesem Buch zeige ich Ihnen, wie ich meinen Weg gefunden habe.

Anfangen will ich mit den immer wieder vor uns aufblitzenden Fata Morganas des falschen Glücks und wie sich diese als Trugbilder wasserreicher Oasen erkennen lassen.

TEIL 1

UNTERWEGS IN DER WÜSTE DES STREBENS NACH GLÜCK

1.
Mein Eingeständnis

Einen Großteil meines Lebens habe ich diese Stimme in meinem Kopf gehört:

Du bist nicht gut genug.

Mein Papa war ein Träumer. Er nahm mich oft auf den Schoß und meine zwölf Jahre alten schlaksigen Beine baumelten über der Lehne seines abgewetzten Polstersessels. Das war unser Lieblingsplatz. Mit seinem 1,80 Meter langen Körper konnte er den Sessel locker nach hinten kippen und dann sahen wir gemeinsam zum Popcorn-Muster der Zimmerdecke hinauf und philosophierten über die Welt.

„Und, wie läuft es mit den Jungs, Jennie?“

Ich stieß ein obligatorisches Kichern aus, denn mit zwölf verschwendete ich noch keine Gedanken an Jungs. Bald sollten sie ins Zentrum meines Interesses rücken, aber ein bisschen Schonzeit hatte ich noch. Meine Figur war nicht nur schlaksig, meine Großmutter hatte mir etwa ein knappes Jahr zuvor auch noch einen radikalen Kurzhaarschnitt verpasst. Sicher nicht aus böser Absicht, aber ich nahm es ihr ziemlich übel. Anschließend kippte sie nachdenklich ihren Kopf zur Seite und entschied, dass ich auch noch eine Dauerwelle brauche.

Also trug ich als Fünftklässlerin dieselbe Frisur wie meine silberhaarige, elegante Großmutter.

Nein, Papa, es gab da keine Jungs, die ich damit hätte beeindrucken können, außer vielleicht Henry, dessen blonder Haarschopf noch wilder war als sein Verhalten. Denn nachdem mir mein langes Haar so tragisch abhandengekommen war, erkundigte er sich freundlich, ob ich mit dem Kopf in einen Staubsauger geraten sei.

Puh! Das tut heute noch weh.

Mein Vater und ich redeten über alles Mögliche: Schulnoten, Freunde, Sport, Jungs. Er handelte diese Themen ab, als gäbe es eine unsichtbare Liste von zu erreichenden Zielen, deren Erfüllung Väter überall auf der Welt von ihren Töchtern verlangen, insbesondere, wenn sie nicht wissen, worüber sie mit ihnen reden sollen.

Vermutlich verband er mit seinen Fragen gar keine konkreten Erwartungen; er tastete sich nur vor und wollte seiner kleinen, ungeschickten Tochter helfen, zielstrebig ihren Platz im Leben zu finden. Tatsächlich zeigte er damit sein Interesse für mich, auch wenn ich das erst jetzt begreife, nachdem ich meine eigenen Kinder in diesem Alter erlebt habe. Wie sollte er auch ahnen, dass mein kleines Erstgeborenen-Hirn damals verzweifelt versuchte, seine Erwartungen zu erfüllen und ich dabei weit über das Ziel hinausschoss? Immer hängte ich selbst die Latte noch ein Stück höher, in der Hoffnung, diese unmöglichen Leistungen eines Tages doch erbringen zu können.

Und meine gesteckten Ziele trieben mich zu immer größeren Anstrengungen, sodass ich mein ganzes Leben lang dieser Theorie Glauben geschenkt habe, die ich für eine unverrückbare Wahrheit hielt: Irgendwann würde ich alle Ziele erreichen und endlich meinen Vorstellungen entsprechen. Dann würde ich allen bewiesen haben, wie gut ich war: meiner Familie, meinen Freunden, Gott, und vor allem mir selbst. Aber es war wie eine Fata Morgana: Immer, wenn ich dachte, ich hätte die in der Luft flimmernde Wüstenoase erreicht, entfernte sie sich wieder und neue Hürden tauchten auf.

Das war also schon so, bevor ich mich für Jungs interessierte oder ich für sie interessant wurde. Damals dachte ich zum ersten Mal …

Ich bin einfach nicht gut genug.

* * *

Als Erstsemester an der Universität von Arkansas ließ ich mich von einigen Freunden überreden, unter vielen anderen Mitbewerberinnen für das Cheerleader-Team zu kandidieren. An amerikanischen Colleges ist ein Platz bei den Cheerleadern äußerst begehrt, es bedeutet eine große Auszeichnung und natürlich war mir klar, dass ich dafür nicht infrage kam, denn ich war keine besonders gute Sportlerin. Na ja, ich hatte im ersten Schuljahr mal Fußball gespielt. Danach versuchte ich mich als Sprinterin, wobei ich nach meinem ersten 800-Meter-Lauf melodramatisch in Ohnmacht fiel. Ich ging auch zum Turnen, aber ins Cheerleader-Team schaffte ich es erst im letzten Jahr der Highschool. Keine Ahnung, ob ich vorher einfach nicht gut genug gewesen war oder ob ich vor lauter Anspannung im entscheidenden Moment immer das Lächeln vergaß. Jedenfalls war ich mir sicher, dass meine Aufnahmechancen im College denkbar schlecht standen und meine Bewerbung kam mir anmaßend vor.

Dabei bin ich in Arkansas aufgewachsen und habe mit meinem Vater alle Spiele der *Razorbacks*, so heißt unser berühmtes Football-Team, besucht. Was mich an diesen Sportveranstaltungen so fasziniert hat? Es waren nicht die Jungs auf dem Spielfeld. Nein, es ging mir wie den meisten anderen kleinen Mädchen im Stadion – meine Blicke klebten an den Cheerleaderinnen. Und jetzt stand ich hier in einer Reihe mit den hübschesten, sportlichsten Mädchen der Uni. Wir alle trugen die T-Shirts der *National Cheerleaders Association*. Und viele Lebensläufe quollen über mit bereits gewonnenen Preisen und großartigen Mannschaftsnamen, für die sie bereits geturnt hatten.

So etwas konnte ich nicht vorweisen. Ein Jahr im Highschool-Cheerleader-Team war alles, damit konnte man sich nicht brüsten.

Fast hätte ich auf dem Absatz kehrtgemacht, aber dann probierte ich es doch. Und der Zufall wollte es, dass ich trotz jener fehlenden Vita Cheerleaderin am College wurde! Ich will niemanden mit diesen scheinbar belanglosen Geschichten aus meiner Jugend langweilen – blonde Jungs namens Henry und Auswahlverfahren für Cheerleader-Teams –, mir geht es nur darum zu zeigen: Es ist nicht wahr, dass man einfach ein bestimmtes Alter erreicht und dann eine Persönlichkeit besitzt. Schon als Kinder definieren wir uns sehr darüber, was andere sagen.

Am ersten Trainingstag erschien ich mit einem kleinen roten Wildschwein auf der Wange (dem Wappen der legendären Arkansas *Razorbacks*), ich steckte in einer eng anliegenden Uniform und hatte meine Selbstzweifel sowie eine gute Portion Angst rechts und links untergehakt. Neben den anderen Mädchen, die es wirklich verdient hatten dort zu sein, fühlte ich mich wie eine Betrügerin. Hinzu kam, dass ich trotz meiner unspektakulären

Größe von nur 1,60 Meter irgendwie als eine der größten College-Cheerleaderinnen herausragte.

Es kam mir so vor, als wäre das alles ein entsetzlicher Irrtum.

Unsere Trainerin führte uns in die zweite Etage der Turnhalle, in der wir uns bald an drei oder vier Tagen der Woche wie zu Hause fühlen sollten. Ein langer weißer Flur erstreckte sich bis zu den Türen, hinter denen sich Büros befanden. Der einzige Gegenstand, den man am Ende des Korridors erkennen konnte, war eine Körperwaage. Wir stellten uns in einer Reihe auf und stiegen nacheinander auf die klappernde Metallplatte. Die Trainerin stand mit einem Klemmbrett daneben und kritzelte neben jeden Namen das aktuelle Gewicht. Das tat sie von da an in den folgenden Jahren meines Lebens alle sechs Wochen. Wenn der Zeiger mehr als ein paar Pfund nach oben ging, hieß es, dass wir diese schleunigst wieder loswerden sollten, ansonsten müssten wir auf der Ersatzbank sitzen bleiben. Das passierte mir nur ein einziges Mal.

Damit begann für das Mädchen, das sich schon als Kind nicht besonders hübsch gefühlt hatte, eine Zeit des unaufhörlichen Messens und Wiegens. Fünf Jahre lang rang sie mit einer Essstörung, sie war besessen davon, ihren Körper unter Kontrolle zu halten.

Und das nur weil die bereits bekannte dunkle Latte über mir hing, sie war einfach zu hoch und erinnerte mich daran:

Ich war nicht gut genug.

* * *

„Die anderen machen sich gar nicht so viele Gedanken, das bildest du dir alles nur ein.“ Mit Worten wie diesen versuchte meine

praktisch veranlagte Mutter mich zu beruhigen, als ich in der siebten Klasse alle möglichen Verschwörungstheorien aufstellte, warum ich zu so wichtigen Events wie Stephanie Angelos Übernachtungsparty nicht eingeladen wurde. Sie wollte mich trösten – und seltsamerweise funktionierte das. Mir lag nichts daran, die Aufmerksamkeit anderer auf mich zu ziehen. Im Gegenteil. Es schien mir zu riskant, von ihrer Anerkennung abhängig zu sein.

Doch dann heiratete ich einen Pfarrer. Und was geschah? Das Mantra meiner Mutter, das mir zu Mittelstufenzeiten geholfen hatte, verlor seine Wirkung. Unweigerlich rückte ich mehr ins öffentliche Interesse, als mir lieb war. Alles wurde nun kritisch beäugt: auf welche Schule wir unsere Kinder schickten, wofür wir Geld ausgaben, ob unsere Kinder sich benehmen konnten, wer unsere Freunde waren, wie mein Mann seinen Job machte und sogar welchen Ornat er dabei trug. Über all diese Dinge wurde geredet und ich musste damit umgehen lernen, ob ich wollte oder nicht.

Meistens bereitete mein Mann Zac am Wochenende seine Predigt vor, und sonntags war er schon aus dem Haus, bevor ich aufwachte. Dann stand Conner, unserer Ältester, auf und bald danach die beiden anderen Kinder. Jede Woche gab es Streit beim Haarekämmen und Zähneputzen und darüber, was jeder anzog. Schließlich verzichtete ich auf so idealistische Extras wie das Binden von Haarschleifen und konzentrierte mich darauf, wenigstens pünktlich zum Gottesdienst zu erscheinen. Nicht einmal das schafften wir immer.

Nachdem die Kinder endlich in den Kindergottesdienst abgedampft waren, begann für mich jedes Mal ein regelrechter Spießrutenlauf zwischenmenschlicher Begegnungen. Ich war noch nie gut im Small Talk gewesen und als Pfarrfrau entwickelte ich eine regelrechte Phobie.

Vielleicht wird das verständlicher, wenn ich ergänze, dass ich am Aufmerksamkeits-Defizit-Syndrom leide (ADHS). Darüber macht jeder gern Witze, aber für uns Betroffene bedeutet es, dass unser Gehirn einfach anders arbeitet als bei anderen Menschen. Mein ADHS erschwert es mir, mich in Menschenmengen zu bewegen. Normale Gehirne blenden Störgeräusche einfach aus, Gesprächsfetzen aus anderen Unterhaltungen, weinende Babys, die Tatsache, dass im Saal der Gottesdienst bereits angefangen hat, heraneilende Schritte von hinten. Mir gelingt das nicht. Ich höre alles.

ADHS-Gehirne haben zwei Modi: Sie können überfokussieren, das heißt, sie konzentrieren sich auf eine Sache so sehr, dass außer ihr nichts auf der Welt zu existieren scheint. Im andern Modus schaltet mein Gehirn dagegen so schnell von einer Sache zur nächsten, dass es beinahe unmöglich ist, sich dabei zu konzentrieren. Wenn ich die Situation unter Kontrolle habe, also beispielsweise während eines ruhigen Gesprächs bei einer Tasse Kaffee, schalte ich meinen Überfokussierungs-Modus ein und es fällt überhaupt nicht auf, dass ich ADHS habe. Die Small-Talk-Situation ist hingegen eine Tortur für mein Gehirn. Ein kurzes Gespräch wird zu einer enormen Herausforderung, insbesondere wenn man bereits einen hektischen Morgen mit drei Kindern hinter sich hat.

Jeden Sonntag lieferte ich die Kinder ab und lief wie gelähmt vor Angst in unsere neu gegründete Gemeinde. Das Problem waren nicht die Menschen, die meisten von ihnen mochte ich sehr. Das Problem waren vielmehr die hohen Erwartungen, die man an mich zu stellen schien. Ich wollte den Leuten so gern beweisen, dass ich Zac beim Aufbau unserer Gemeinde in nichts nachstand. Wir hatten damals noch keine fertigen Räume, keine festen Abläufe, keine Traditionen, die den Gottesdienstbesuchern normalerweise dabei helfen zu beurteilen, ob sie sich in dieser Gemeinde wohlfühlen und engagieren wollen. Oft hängt die Entscheidung dann an der Person des Pastors, an seiner Vision – und daran, wie überzeugend seine Frau auftritt.

Wollen wir uns diesem Pastor und seiner Frau anvertrauen? Sind die beiden sympathisch? Machen sie einen guten Job? Jede Woche stellten sich die Menschen genau diese Fragen.

Irgendwie muss dann Todd in dem Foyer, in dem ein Grüppchen neben dem nächsten stand und den ich so fürchtete, an mir vorbeigegangen sein. Wahrscheinlich hatte er mir zugelächelt und mich gegrüßt – doch ich hatte nicht reagiert, weil ich ihn überhaupt nicht wahrnahm. Jedenfalls erhielt ich irgendwann in der Woche danach einen Anruf von Todds Frau. „Ist irgendetwas passiert zwischen uns?“, fragte sie mich.

Die beiden zählten zu unseren besten Freunden, doch ich hatte keine Ahnung, was sie meinte. Warum fragte Rachel mich das?

„Todd sagt, dass er sonntags schon mehrfach versucht hat, dich vor dem Gottesdienst anzusprechen, aber du guckst immer in die andere Richtung.“

Das würde ich nie tun, so ein Verhalten passt gar nicht zu mir. Wenn ich ein Problem mit jemandem habe, spreche ich das ganz offen an und bin im Zweifelsfall eher zu direkt. Natürlich war ich überhaupt nicht böse auf Todd und hatte ihn auch nicht bewusst ignoriert, aber wie sollte ich erklären, unter welchem Druck ich sonntags stand und wie anstrengend die ganze Situation für mich war? Dass ich mit drei schludrig angezogenen Kindern in die

Kirche kam, wo alle gerade überlegten, ob wir gut genug für sie waren? Sollte ich zugeben, dass ich ADHS habe und Todds Gruß wochenlang überhaupt nicht bemerkt hatte?

Das brachte ich nicht über mich, entschuldigte mich aber und versicherte, dass wir gute Freunde seien.

Von nun an wuchs der Druck, den ich bisher auf dem Weg zum Gemeindesaal verspürt hatte, nur noch mehr. Und meine bereits übervolle To-do-Liste erweiterte sich um einen Punkt: Ich musste alle, die an mir vorbeigingen, anlächeln und grüßen. – Doch das war nicht zu schaffen, ergo:

Ich war einfach nicht gut genug.

* * *

Dann wurde ich für ein Gespräch in die Schule meiner Kinder bestellt, wo mir drei Lehrer mit ihren Notizblöcken gegenübersaßen, während ich hilflos und schlecht vorbereitet zuhörte.

„Die Leistungen ihres Kindes lassen zu wünschen übrig. Wir fragen uns, ob es zu Hause ausreichend Unterstützung bekommt."

„Sie als Eltern arbeiten ja schließlich beide und sind viel unterwegs."

„Vielleicht haben Sie einfach zu wenig Zeit dafür."

Obwohl die Formulierungen der Lehrer viel Verständnis ausdrückten, schossen in mir meine schlimmsten Ängste hoch:

Ich bin nicht gut genug.

Ich strenge mich nicht genug an.

Ich habe als Mutter versagt.

Mein Kind kommt in der Schule nicht mit und das ist meine Schuld.

Ich hätte mich so gern gerechtfertigt: *Ich liebe mein Kind über alles. Ich helfe ihm immer bei den Hausaufgaben. Oh, und wie ich für mein Kind bete. So oft lasse ich meine eigene Arbeit liegen, weil mir mein Kind so am Herzen liegt.*

Doch kein Wort kam über meine Lippen.

Stattdessen kämpfte ich mit den Tränen und unterdrückte das Bedürfnis, mich zu verteidigen. Ich versuchte zuzuhören und fragte nach. Erst als ich draußen war und in meinem Auto saß, weinte ich so sehr, dass ich kaum Luft bekam. Ich fuhr heim und rannte an Zac vorbei, der wissen wollte, wer unsere vierzehnjährige Kate zum Lauftraining fuhr. Ich war nicht imstande, ihm zu antworten, ich wollte mich nur noch verkriechen.

Im Schlafzimmer legte ich mich auf den Fußboden, schnappte mir ein auf dem Boden liegendes T-Shirt und verbarg mein Gesicht darin. Dann weinte ich hemmungslos. Als ich schließlich tief Luft holte, mir die Tränen abwischte und die Augen öffnete, kam sofort der nächste schreckliche Gedanke: Du meine Güte, *das Zimmer ist ein einziges Chaos*!

Wieder blieb mir die Luft weg und der nächste Heulkrampf ins T-Shirt war fällig. Ein unaufgeräumtes Zimmer reichte aus, um mich in tiefste Verzweiflung zu stürzen.

Ich bin einfach nicht gut genug.

* * *

So viele Jahre hat diese Stimme in meinem Kopf gesagt: *Ich bin nicht gut genug.*

Hörst du diese Stimme auch?

Vielleicht hast du keine Essstörung und bist nicht mit einem Pfarrer verheiratet, aber die meisten von uns stehen unter einem enormen Druck und müssen auf irgendeine Art beweisen, dass sie eigenen oder fremden Ansprüchen genügen. Jeden Morgen versuchen wir ehrgeizig diese Aufgaben zu bewältigen. Aufgaben, an denen wir manchmal schon am Vortag bereits gescheitert sind. Unbedingt wollen wir die Erwartungen unserer Familie und Kollegen erfüllen, inszenieren uns als schöne, starke und immer freundliche Idealmenschen, weil wir sicher sind, dass die Welt, die Kirche und Gott uns so haben wollen. Oft fühlt es sich an, als würde irgendwo eine verhängnisvolle Waage stehen und daneben jemand, der das Ergebnis unserer Bemühungen auf einem Klemmbrett notiert. Wir alle kennen das Gefühl, unzureichend zu sein.

Verzweifelt irren wir umher und sind deprimiert von unseren Minderwertigkeitsgefühlen. Unser Selbstbewusstsein ist wie ein stümperhaft aufgemaltes Make-up, als wären wir Siebenjährige, die Spaß am Rollenspiel haben. Dabei müssten wir doch erwachsen, liebenswert und in jeglicher Hinsicht perfekt sein – wenn das nur so einfach, ach, wenn es doch überhaupt möglich wäre.

Tief in unserem Inneren wissen wir, dass wir uns oft selbst täuschen. Wir sind alles andere als perfekt. Und oft verbringen wir unser Leben damit, diese Wahrheit zu vertuschen.

Gott aber hat einen ganz anderen Plan für uns. Er will, dass unsere Seelen Frieden finden und wir in unserem Leben große Dinge in Bewegung setzen. – Nicht etwa, weil wir selbst so großartig wären, sondern **obwohl wir so sind, wie wir sind, mit all unseren Fehlern.**

Der Römerbrief lässt keinen Zweifel an unserem wahren Zustand: „Sie sind allesamt Sünder und ermangeln des Ruhmes, den sie vor Gott haben sollen.“[4]

Vielleicht haben wir ja da etwas Grundlegendes falsch verstanden? Was, wenn gerade diejenigen, die Fehler machen und erkennen, dass sie nie gut genug sein werden, genau diejenigen sind, die Gott auserwählt?

Was, wenn ich dir heute sage, dass du gnädiger mit dir selbst sein darfst? Dass du damit aufhören kannst, dich wie verrückt ins Zeug zu legen? Dass du dieses anstrengende, rastlose Streben nach immer mehr Perfektion einstellen kannst – und zwar sofort?

Das du deine ehrgeizigen Ziele nie erreichen wirst.

Und das ist vollkommen okay. Es ist sogar notwendig, das zu erkennen, dass du unvollkommen bist und immer bleiben wirst, damit du dein Leben ändern kannst.

* * *

Ich hatte keine großen Pläne für mein Leben. Aber in der Nacht vor meinem 30. Geburtstag wachte ich auf und konnte nicht wieder einschlafen. *Bring junge Menschen in die Kirche, kümmere dich um diese Generation* – ich konnte nicht aufhören, darüber nachzudenken. Nur wie sollte ich das anstellen? Ich hatte kleine Kinder und war als Pastorenfrau einer jungen Gemeinde bereits voll eingespannt. Ich hatte weder viel Einfluss noch eine Plattform geschweige denn einen Twitter-Account. Wie stellte Gott sich das vor?

Zwei Tage lang taten mir förmlich die Knochen weh, daran erinnere ich mich noch, weil ich an der Last dieser gewaltigen, absurd nebulösen Aufgabe, die Gott mir da auferlegte, so schwer zu tragen hatte. Als ich es zwei guten Freundinnen gegenüber erwähnte, antworteten diese mir weise: „Jennie, wenn das wirklich von Gott kommt, dann wird er dir auch zeigen, wie du es anstellen sollst.“

Ich konnte jedoch keine klare Handlungsanweisung erkennen, also wartete ich erst einmal ab, und ich machte weiter mit meinem ohnehin schon sehr geschäftigen Leben.

Dann, ein paar Jahre später, sprachen mein Mann und ich ein einfaches Gebet: „Wir begeben uns ganz in deine Hand, Gott." Das Leben von Katie Davis in Uganda hatte uns überzeugt – sie hatte viele Mädchen von der Straße weg adoptiert und setzte sich so voller Hingabe für sie ein, dass wir davon ganz angesteckt waren und unser Leben ebenso vollständig Jesus überlassen wollten, auf eine fast schon beängstigend kompromisslose Art und Weise, die neu für uns war. „Wir gehören dir ganz, Gott. Dein Wille geschehe." Als wir so beteten, ließ Gott plötzlich das geschehen, wovon meine Freundinnen gesprochen hatten. Er fing an, Türen zu öffnen, an die ich gar nicht angeklopft hatte!

Über Jahre hatte ich bei mir zu Hause Bibelkreise geleitet, verhielt mich dabei aber zurückhaltend und lud eigentlich nur einige ausgewählte Freundinnen dazu ein, von denen ich wusste, dass sie hinter mir standen. Dabei mochte ich diese Hauskreise und die Bibelarbeiten sehr. Als ich dann in dem Sommer von dem Camp heimkehrte, auf dem ich mich Christus so vollständig anvertraut hatte, versammelte ich, ohne groß darüber nachzudenken, eine Handvoll jüngerer Mädchen um mich und begann mit ihnen die Offenbarung zu lesen. Das Ganze wurde so intensiv, dass sich geradezu überspannte Szenen abspielten. Inzwischen weiß ich, dass dieser Text vielleicht nicht die beste Wahl war, aber die Bibel zu lesen war und ist für mich nun einmal wie Atmen.

Nichtsdestotrotz hatte ich mit meinen Pflichten als Pastorenfrau eigentlich genug zu tun und schreckte davor zurück, mir weitere Aufgaben ans Bein zu binden – und wer Verantwortung übernimmt, setzt sich zwangsläufig Kritik aus. Nur meine Haut war entsetzlich dünn. Gleichzeitig wusste ich, dass ich vor allem Gott gefallen und mich weniger um die Meinung anderer Menschen kümmern wollte. Im Herbst 2009 traute ich mich dann zum ersten Mal, den Kurs „Stuck“ (engl. für „Nicht klarkommen“, aber auch „Sich hineinknien“) öffentlich anzubieten – einen Glaubenskurs, den ich eigentlich für die Frauen in meinem Wohnzimmer konzipiert hatte. Das Interesse daran war riesig – 150 Menschen aus allen möglichen sozialen Schichten und Altersgruppen meldeten sich dafür an. Einige kamen dadurch zum ersten Mal mit Christus in Kontakt und bekannten sich zu ihm. Andere Frauen lösten sich aus Bindungen, gegen die sie jahrzehntelang angekämpft hatten, und entwickelten ihre eigenen Ideen und Vorstellungen, wie sie Gott dienen konnten. Ihr Eifer wirkte ansteckend und Gott war plötzlich so spürbar, wie ich es seit College-Zeiten nicht erlebt hatte.

Nur ein Jahr später – und ohne dass ich mich sonderlich darum bemüht hatte – bekam ich Gelegenheit, meinen Text zu veröffentlichen und auf einer der größten christlichen Bühnen zu sprechen. Dasselbe Mädchen, das sich davor gefürchtet hatte, von 150 Menschen kritisiert zu werden, würde nun vor einem Publikum von 100 000 sprechen. Eine solche Resonanz übertraf meine kühnsten Träume.

Gott drängte mich aus meiner geliebten Komfortzone heraus. Ich fürchtete die Auseinandersetzung mit so vielen Menschen, gleichzeitig wollte ich auf keinen Fall arrogant wirken oder Zac irgendwie brüskieren. Vor allem wollte ich den Familienalltag mit meinen Kindern nicht gefährden.

Bring junge Menschen in die Kirche, kümmere dich um die neue Generation – immer noch hallten die Worte in mir nach.

Der Gedanke daran ließ sich nicht abschütteln. Konnte es sein, dass Gott diese Möglichkeiten schuf und damit Ziele verfolgte, die mein Verständnis überstiegen und viel wichtiger waren als meine Ängste?

Immer wieder führte ich kleine, an und für sich unbedeutende Gespräche, in denen es um die Träume und Hoffnungen ging, die ich um mich herum aufkeimen sah. Eine Frage beschäftigte uns dabei alle: *Wenn es Gott wirklich gibt, muss sich das doch unmittelbar auf unser Leben auswirken – nur wie?* Und Tausende Frauen aus der ganzen Welt waren gewillt, darauf antworten zu wollen, voller Begeisterung von dem gemeinsamen Traum, ihren Glauben zu leben. Und so entstand durch eine Frage eine Bewegung: das *IF-Gathering*.

Die erste Konferenz, die wir einberiefen, war sofort ausverkauft. Doch von überall her meldeten sich Frauen, die bei sich zu Hause, in ihren Gemeinden und Städten ebenfalls Treffen organisierten. Es dauerte nicht lange, da hatte sich eine ganze Heerschar von Frauen in Jesu Namen versammelt, die sich für die Verbreitung ihres Glaubens engagieren wollte. Obwohl wir hart arbeiteten und unser Bestes taten, um Gott auf hohem Niveau zu dienen, schien es, als fällten wir genauso oft falsche Entscheidungen wie richtige. Unsere Unerfahrenheit verursachte viel Chaos, gleichzeitig verbreitete sich unsere Vision in rasender Geschwindigkeit. *IF* entwickelte eine eigene Dynamik und ich war zutiefst verängstigt. Ich fühlte mich überhaupt nicht dazu in der Lage, diese Bewegung anzuführen.

Von außen betrachtet wirkte es, als wären wir Frauen vereint in der Nachfolge Jesu; ein mächtiges, großartiges Gotteswerk. Aber hinter den Kulissen passierte genau das, wovor ich Angst hatte: Die wachsende Vision der Bewegung brachte auch

Beziehungskonflikte mit sich, persönliche Zurückweisung und Enttäuschungen; außerdem beanspruchte das alles enorm viel Zeit und Energie.

Nichts wünschte ich mir so sehr, wie Gottes Wille zu tun. Aber die wachsende Bewegung stellte intensive Anforderungen an mich, immer öfter fand ich mich in Positionen, die ich unmöglich als Verantwortliche ausfüllen konnte. Es schien mir immer anmaßender, so zu tun, als wäre ich noch Herrin der Lage. Verzweifelt kämpfte ich gegen die Sätze an, die in meinem Kopf immer lauter wurden:

Ich bin keine Anführerin. Ich bin dafür nicht gemacht. Ich. Kann. Das. Nicht.

Gott, du hast die Falsche ausgewählt.

Ich bin einfach nicht gut genug dafür.

Und je größer die Bewegung wurde, umso mehr fürchtete ich, dass all die Menschen um mich herum genau das herausfinden würden.

* * *

Neun Jahre nach dieser schlaflosen Nacht, in der ich plötzlich wusste, dass ich eine neue Generation von Gläubigen rekrutieren sollte, war *IF* kein Traum mehr. Ich wartete hinter einem Vorhang und sah draußen Frauen, die sich gespannt und erwartungsvoll versammelt hatten und mehr über Gott wissen wollten. Es war unser drittes Treffen, das über eine Million Frauen in mehr als einhundert Ländern per Fernsehübertragung verfolgten.

Noch sechs Schritte, dann würde ich dort vorn stehen.

Dass es sich dabei um eine Bühne handelte, auf der wahre Musiklegenden gespielt hatten, war nicht gerade hilfreich. Hinter den Kulissen von Austin City Limits am *Moody Theater* standen Statuen einiger der größten Künstler: Willie Nelson, Mumford and Sons, Diana Ross. Es war alles so überwältigend und ich fühlte mich daneben so klein mit Hut. Vor mir war die Bühne für die größten musikalischen Auftritte in Texas. Wer hier spielte, war beinahe automatisch berühmt.

Und all diese Künstler waren im Bewusstsein ihrer Brillanz und außergewöhnlichen Talente auf diese Bühne gegangen.

Ich hingegen starrte auf die Stufen und fragte mich, was dort oben passieren würde, wenn ich vor die schweren schwarzen Vorhänge trat und mich der wartenden Menge präsentierte. Die Welt würde sehen: „Sie hat es geschafft. Das ist ihr Erfolg, das ist der Durchbruch. Endlich ist sie gut genug." Aber ich muss dir im Vertrauen etwas gestehen: Obwohl ich mich eigentlich meilenweit jenseits der dicken schwarzen Linie befand, die ich mir früher einmal gesetzt hatte, fühlte es sich nicht so an. Es war wie ein Hohn. „Gut genug" ist ein Trugbild, dem man immer nur nachlaufen kann, ohne es je zu erreichen – oder aber man muss das kindische Spiel, das uns als junge Menschen eingebläut wurde, beenden.

Spätestens in diesem Moment hätte ich doch glauben und annehmen müssen, was die Welt mir zu bestätigen schien. Hatte ich mein Ziel denn nicht erreicht? War ich nicht eine selbstbewusste, wichtige Persönlichkeit mit einer ganz klaren Vision? Doch während ich da stand, wusste ich …

ich war nicht mutig genug,
ich war nicht geistreich genug,
ich war nicht begabt genug,
ich war nicht selbstsicher genug,
ich war nicht stark genug,

um an der Spitze dieser Bewegung zu stehen.

Ich wusste, ich war einfach nicht gut genug.

Sechs Stufen. An diesem Tag stieg ich sie hinauf, tat aber nicht so, als wäre alles in Ordnung. Ich stand auf dieser historischen Bühne und legte vor einer Million Menschen ein leises Geständnis ab. **Ich sagte ihnen:**

Ich bin nicht gut genug. Und ich werde aufhören, das vorzugaukeln.

Und zum ersten Mal in meinem Leben erfüllte mich ein tiefer Friede.

Endlich fühlte ich mich frei.

* * *

Obwohl Gott vielleicht nicht jedem die Möglichkeit bietet, seine Unvollkommenheit von einer solchen Bühne aus zu verkünden, gehe ich davon aus, dass die meisten Menschen schwer an Dingen tragen, von denen sie sich überfordert fühlen.

Das kann eine schwierige Ehe sein, in der jeder Tag ein Kampf ist. Das können Schulden sein und unbezahlte Rechnungen. Vielleicht auch ein Kind, das besondere Unterstützung braucht, wozu es das Ausfüllen endloser Formulare, Arztbesuche und Therapien bedarf. Vielleicht sind es auch alte Eltern, die langsam dement werden. All das kann uns in lähmende Angst versetzen oder gar eine Depression auslösen, aus der wir allein nicht herausfinden.

Was auch immer deine Welt ins Wanken gebracht hat, wie soll es nun weitergehen? Willst du weiterhin kämpfen und so tun als ob – mit zusammengebissenen Zähnen und weißen Fingerknöcheln – oder willst du dich aus dieser Zwangsjacke befreien? Ich kann nur wünschen, dass du dir deine Ängste eingestehst und erkennst, dass Gott das gar nicht von dir verlangt. Ich bete dafür, dass du eine Befreiung erlebst und aufhörst, dich so zu quälen. Wir alle dürfen das: das, was wir gar nicht unter unserer Kontrolle haben, an den abgeben, der sie hat.

Wir streben stets danach, gesehen zu werden, wir wollen uns wichtig fühlen, etwas bewirken. Und wir wollen unbedingt gut in etwas sein, unsere Aufgabe erfüllen.

Aber wir scheitern. Wir sind einfach nicht gut genug. Wir sind eben nicht Gott. Wir können nicht alle Fragen beantworten, uns fehlt der Weitblick, unsere Kräfte und unsere Energie sind begrenzt. Wir sind sterbliche, unvollkommene Wesen. Und das ist gut so.

Denn tatsächlich verleiht uns erst das Eingeständnis unserer Unvollkommenheit die Freiheit, nach der wir uns so lange vergeblich gesehnt haben.

2.
Die Sache mit dem Rucksack

Unser Sohn Cooper war schon fast vier Jahre alt, als wir ihn zum ersten Mal sahen. Ich hatte mir immer vorgestellt, wie ich nach Afrika fliegen und ein süßes Kleinkind mit nach Hause bringen würde, stellte aber fest, dass es sich bereits um einen selbstständigen kleinen Jungen handelte, der im Waisenhaus bereits gelernt hatte, sich durchzusetzen. An den ersten 1.400 Tagen seines bisherigen Lebens hatten wir keinerlei Einfluss auf ihn gehabt, aber dann mit einem Mal war er plötzlich unser Sohn.

Als wir Cooper zunächst in unser nettes kleines Ferienhaus in Ruanda mitnahmen, sprach er eine Sprache, die keines seiner neuen Familienmitglieder verstehen konnte. An diesem ersten gemeinsamen Abend briet ich in einer kleinen Pfanne ein Gericht namens „Popeyes", eine Art Nationalgericht bei uns zu Hause in Arkansas: Es handelt sich um Spiegeleier auf Toast. Aber als ich sie an diesem Abend in Ruanda für unseren neuen Sohn zubereitete, fühlte sich alles ungewohnt an.

Im Waisenhaus hatte es meist dicken Haferbrei gegeben, den man ohne ein kompliziertes Essbesteck verzehren konnte. Als ich Cooper zeigen wollte, wie man die Gabel hält, schlug er sie mir aus der Hand. Zac intervenierte, und auch wenn Cooper seine

Worte nicht verstand, war der Ton von Zacs Stimme offenbar recht verständlich. Das Kind stand auf, erhob seinen Zeigefinger und fing an zu predigen, als stünde es auf einer Kanzel in Alabama. Der Kleine konnte so richtig lospoltern.

Wer würde diesen Machtkampf wohl gewinnen? Da wir unseren Sohn nicht körperlich bändigen wollten, brauchten wir einen anderen Ansatz, um ihn zum Mitmachen zu motivieren – denn da er bisher keinerlei Erfahrungen mit Eltern gemacht hatte, konnte er sich einfach noch nicht vorstellen, welche Rolle wir für ihn nun einnehmen würden.

Als unser Flieger in den USA landete, fand sich Cooper in einer Welt wieder, von deren Existenz er in dem afrikanischen Waisenhaus nichts geahnt hatte. Hochhackige Schuhe, Beschallung durch Werbeanzeigen, endlose Pingu-Filme im Internet, Schwimmbäder mit aufblasbaren Haien darin. Was seine Leidenschaft weckte: Meine drei älteren Kinder besaßen alle ein Fahrrad und Cooper wollte unbedingt auch eins haben. Also druckte ich aus dem Internet das großartigste Fahrrad aus, das je ein Vierjähriger gesehen hatte, und malte reihenweise Pfeile darum. Immer, wenn Cooper nun etwas gut machte – auf die Toilette ging, die Gabel benutzte, im Bett liegen blieb, seine Spielsachen teilte –, erhielt er einen silbernen kleinen Sternaufkleber auf diesem Fahrradbild.

Und was soll ich sagen? Diese Belohnungstafel funktionierte.

Bis heute arbeiten wir immer noch mit diesen Klebesternchen. Um nichts auf der Welt würde Cooper freiwillig seine Rechenhausaufgaben machen, es sei denn, er kann damit zehn Ninja-Turtle-Sticker für ein Laserschwert verdienen. Diese Aussicht lässt ihn sogar seitenweise Divisionsaufgaben lösen. Aber obwohl Coop mit diesem kleinen Trick sein Verhalten verbessert und seine Leistung steigert, hat er auch eine ganz schlimme Kehrseite.

Denn unser Cooper hat furchtbare Angst davor, sich zu blamieren.

Irgendwann in diesem afrikanischen Waisenhaus muss sich in ihm die Meinung festgesetzt haben, dass er ein böses Kind ist. Jedes Mal, wenn er sich dann einen Stern verdient, strahlt er über das ganze Gesicht, als ob dieser Stern der Beweis wäre, dass er da ganz falschlag und in Wirklichkeit doch ein Guter ist. Wenn er den Stern aber nicht erhält, lässt er den Kopf hängen, als ob diejenigen, die ihn im Waisenhaus mit erhobenem Zeigefinger ausgeschimpft haben, alle recht gehabt hätten. Cooper will zwar gern genügend Aufkleber für ein Laserschwert sammeln, aber dieser Schmerz ist größer. Er möchte so gern beweisen, dass er gut genug ist.

Als Mama halte ich natürlich nichts davon, dass mein Kind sich über Klebesterne definiert. Dennoch leben wir in einer Welt, die mit Belohnungen arbeitet – und noch viel mehr mit dem beschämenden Zeigefinger.

Wir alle haben unsere eigenen Belohnungssysteme: Jeder wünscht sich Anerkennung für seine Leistungen, sei es von den Eltern, Freunden, Ehepartnern, Kindern, Online-Bekanntschaften, Kollegen oder auch von Gott. Die meisten von uns tragen dieses innere System und Streben ihr ganzes Leben lang mit sich herum.

Kaum sind wir auf der Welt, fangen wir auch schon damit an, unrealistische Erwartungen an uns selbst zu stellen. In zartem Alter lernen wir bereits, dass es Belohnungen und Lob dafür gibt, je mehr wir leisten. Auch in der Schule fallen die Noten umso besser aus, je mehr wir uns anstrengen. Unsere Eltern jubeln auch in anderen Bereichen unseres Lebens: „Du bist klasse!", oder sie runzeln die Stirn und fragen: „Wie, nur befriedigend?

Wie kommt das?“ Auch später im Beruf werden meist diejenigen befördert, die die besten Ergebnisse vorweisen können.

So wächst der Wunsch in uns, überall zu gewinnen. Das ist weder gut noch schlecht – so funktioniert nun einmal unsere Welt. Das Gute an dieser Art „Belohnung“ ist, dass wir das Prinzip von Wirkung und Ursache verstehen: Wenn wir gut lernen, bekommen wir gute Noten. Wenn wir gute Freunde sind, verhalten sich andere uns gegenüber auch loyal. Wenn wir mit unseren Verwandten großzügig und versöhnlich umgehen, werden sie uns hoffentlich ebenso behandeln.

Schwierig wird es nur, wenn wir unseren Umgang mit Eltern, Lehrern oder Vorgesetzten auf die Beziehung mit Gott übertragen wollen. Denn immer wieder passiert es, dass wir Gott durch das Ansammeln von Leistungen zu beeindrucken versuchen – und dann beschämt und enttäuscht feststellen, dass diese Aktionen sich nicht so auszahlen, wie wir uns das vorgestellt haben. Ständig versuchen wir uns mehr anzustrengen, mehr zu leisten, höher zu springen, mehr Punkte zu erzielen – alles nur, um seine Anerkennung oder seinen Segen zu erlangen. Und letzten Endes empfinden wir Gott gegenüber eine latente Angst, anstatt ihm erwartungsfroh mit kindlicher Freude und kindlichem Glauben gegenüberzutreten.

Gott hat jedenfalls mit unserer Leistungsgesellschaft nichts am Hut. Er lässt sich nicht manipulieren. Doch leider haben wir immer ein bisschen Angst davor, dass Gott von uns enttäuscht sein und sich abwenden könnte.

Schweres Gepäck

Ich wünschte, ich könnte behaupten, meine Befreiung wäre mit sechs Schritten auf eine Bühne und einem öffentlichen

Geständnis einfach so erledigt gewesen. Tatsächlich war das aber nur möglich, weil ich tausendmal innegehalten und auf Gott gehört habe, der mich immer wieder ermutigt hat, mit dem Streben nach Perfektion aufzuhören.

Eine Adoption beispielsweise geht einher mit bergeweise Papierkram und Büchern, die man lesen sollte. Durch die Formulare wühlt man sich irgendwann hindurch, aber die Bücherstapel können auf Menschen, die diese Art des Familienzuwachses nicht von ganzem Herzen befürworten, wirklich eine abschreckende Wirkung haben.

Darin ist die Rede von allen möglichen Problemen, mit denen traumatisierte Kinder zu kämpfen haben; es ist die Rede von Wutanfällen, die ebenso vorkommen können wie das Horten von Essen oder Schlafstörungen. Und überall wird betont, wie wichtig es ist, dass die neuen Eltern angemessen darauf reagieren.

Nachdem wir einige Monate zu Hause verbracht hatten, verbesserte sich Coopers Englisch. Ich fühlte mich allerdings, als hätte ich mir einen riesigen Rucksack umgeschnallt. Irgendwie lastete ein neuer Druck auf mir. Ich erinnerte mich an den Film *Der große Trip – Wild*, in dem die Schauspielerin Reese Witherspoon einen Rucksack trägt, der größer zu sein scheint als sie selbst. Genauso fühlte ich mich. Denn Cooper hatte ganz andere Bedürfnisse als meine älteren Kinder. Die Art von Erziehung, die ich bisher praktiziert hatte, tat ihm nicht gut, denn er fühlte sich nicht angenommen.

Eines Tages schrie ich ihn an. Völlig kopflos brüllte ich unseren geliebten, verwirrten kleinen Jungen an, der doch sein Bestes tat, um in dieser für ihn neuen Welt klarzukommen. Für unsere Beziehung war mein Gefühlsausbruch natürlich gar nicht gut.

Ich wollte meinem Sohn so gern gerecht werden; es war so wichtig, dass er sich geliebt fühlte. Hinzu kam das mir schon bekannte Ringen mit der Meinung anderer Leute sowie die Tatsache, dass ich in Afrika gewesen war. Die Schönheit dieses Kontinents zu sehen, zugleich aber auch die Not der Menschen dort – mich hat das einfach umgehauen. Ich konnte die Bilder von Jungen in Coopers Alter nicht abschütteln, wie sie um Süßigkeiten bettelnd mit aufgedunsenen Bäuchen neben mir herliefen, während weit und breit keine Eltern zu sehen waren.

Natürlich leistete ich Hilfe, indem ich Probleme in meinem direkten Umfeld anpackte, aber die Not überall auf der Welt verfolgte mich trotzdem.

Und ich fing an, Gott zu fürchten. Wenn ich ihn nun enttäuschte? Wenn ich nicht genug für diejenigen tat, die er liebte? Nichts war mir wichtiger, als am Ende meines Lebens, am Ende jeden einzelnen Tages sagen zu können, dass ich genug für ihn getan hatte.

Und ich fing an zu denken: *Gott gibt es wirklich, er ist ebenso real wie all das Leid überall in der Welt. Er hat uns einen so wichtigen Auftrag gegeben – was, wenn wir ihn nicht erfüllen oder hinter seinen Erwartungen zurückbleiben?* Mein Leben wurde verzehrt von einer Dringlichkeit, die die sowieso schon in mir wurzelnde Versagensangst noch verstärkte. Hinzu kam, dass Freunde von uns, die ebenfalls Kinder adoptiert hatten, allzu deutlich ihre Meinung über manche Erziehungsmethoden äußerten. Und andere aus unserem Bekanntenkreis ließen verlauten, wir hätten unser Leben nur unnötig kompliziert gemacht und Coopers Probleme würden uns so sehr beanspruchen, dass wir nun unsere eigenen Kinder vernachlässigten. In mir verfestigte sich das alte Denkmuster: *Ich mache alles falsch. Alles lastet auf meinen Schultern.*

Mein Rucksack bekam ein solch enormes Gewicht, dass ich irgendwann nur noch daran dachte, ihn wieder loszuwerden. Aber da sich darin einiges Gute befand, gottgegebene Dinge, fühlte ich mich nicht befugt, das zu entscheiden. Schließlich folgte ich Gottes Auftrag, oder nicht?

Ich wünschte mir so sehr, dass er stolz auf mich war.

Kennst du dieses Gefühl? Und ist dir bewusst, dass Gott nicht im Entferntesten so denkt? Unser himmlischer Vater hat keine solchen menschlichen Anwandlungen. Irdische Väter erwarten durchaus, dass wir uns ihre Anerkennung verdienen. Aber bei Gott ist das anders. Im Buch Jeremia sagt er:

„Ein Weiser soll nicht stolz sein auf seine Weisheit, der Starke nicht auf seine Stärke und ein Reicher nicht auf seinen Reichtum. Nein, Grund zum Stolz hat nur, wer mich erkennt und begreift, dass ich der Herr bin. Ich bin barmherzig und sorge auf der Erde für Recht und Gerechtigkeit. Denn daran habe ich Gefallen! Mein Wort gilt!"[5]

Gott liegt gar nichts daran, dass wir etwas Großartiges leisten oder in Bewegung setzen. Er interessiert sich für uns, ohne auch nur eine Bedingung daran zu knüpfen!

Gott weiß schon längst Bescheid über unsere Unvollkommenheit, er verlangt keine Perfektion. Wir sind aber diejenigen, die unbedingt mit großem Gepäck durch die Wüste marschieren wollen, ohne an Trinkwasserreserven zu denken. Weil wir meinen, es läge an uns, Gottes Reich zu erhalten.

Ich schlage ein Experiment vor: Warum geben wir nicht einfach zu, dass wir eine Menge unnötiges Gepäck mit uns herumschleppen und werfen diesen Ballast ab? Warum erkennen wir nicht ehrlich unsere Grenzen an, reden über unsere Ängste, unsere Fehler, unsere Unersättlichkeit? Das geht natürlich nicht von heute auf morgen. Man muss wirklich innehalten, nachdenken und sich diesen Fragen stellen. Vielleicht hilft es auch, gemeinsam mit einem Freund oder einer Freundin folgende Fragen einmal durchzubuchstabieren:

- Was bedrückt dich momentan am meisten?

- Warum macht dies dir das Leben so schwer?

- Warum strengt es dich an?

- Worüber grübelst du am meisten?

- Was macht dich traurig?

- Worum machst du dir Sorgen?

- Wovor hast du Angst?

- Kannst du einige der Dinge konkret benennen, die du mit dir herumschleppst?

Hier noch ein paar Anregungen, denn wenn du ähnlich gestrickt bist wie ich, dann nimmst du dir vermutlich gar nicht genug Zeit, dir über deinen wahren Zustand klar zu werden, geschweige denn zu erkennen, was eigentlich schiefläuft.

Was steckt alles in deinem Rucksack?

Vielleicht trifft eine oder treffen gleich mehrere der folgenden Aussagen zu.

Ich habe Angst

Ich weiß nicht, worin ich überhaupt gut bin.

Ich weiß nicht, was ich tun soll.

Ich fühle mich hilflos.

Ich bin zu alt.

Ich bin zu jung.

Ich werde etwas falsch machen.
Ich werde versagen.
Ich werde mich lächerlich machen.
Die Leute werden sich über mich aufregen.
Niemand mag mich.
Ich habe nicht genug Kraft.
Meine größte Angst: ……………………………………………

Ich habe mit Schwierigkeiten zu kämpfen
Ich fühle mich, als hätte ich keine Kontrolle über mein Leben.
Mein Kind rebelliert.
Ich kann das nicht.
Ich will niemandem zur Last fallen.
Ich bin geschieden.
Ich bin krank.
Menschen, die mir wichtig sind, geht es schlecht.
Mein größtes Hindernis: ………………………………………

Ich stehe unter Druck, weil …
ich nicht gut genug bin.
ich zu schwach bin.
ich mich wertlos fühle.
alles immer von mir abzuhängen scheint.
sich keiner außer mir zuständig fühlt.
ich nicht weiß, wie ich das alles schaffen soll.
ich viel zu viel um die Ohren habe.
es sowieso zu viel ist, um überhaupt anzufangen.
ich mich ungeliebt fühle.
die Menschen mich nicht um meiner Selbst willen mögen.
mein Glaube nicht stark genug ist.

Was, wenn ich scheitere?
Was mir am meisten Sorgen macht: ....

Ich schäme mich
Ich habe es vermasselt.
Ich bin nichts wert.
Hoffentlich findet nie jemand die Wahrheit heraus.
Ich kann nicht glauben, dass ich das zugelassen habe.
Wenn die Leute das wüssten, würde niemand mehr etwas mit mir zu tun haben wollen.
Ich bin unfähig.
Ich muss mich verstecken.
Ich kann nach dieser Sache überhaupt nicht mehr weitermachen.
Ich bin eine Betrügerin.
Mein größter Fehler, der mich verfolgt, war: ....

Es ist wichtig, diese Dinge einmal beim Namen zu nennen, denn wir dürfen darauf vertrauen, dass Gott für all das, was wir uns hier eingestehen, ein offenes Ohr hat. Er ist nicht überrascht von unseren Versagensängsten, unseren Enttäuschungen und unserem ganzen Ballast. Vielmehr sollten uns diese Dinge daran erinnern, wie sehr wir Gott brauchen. Jedes Mittel ist ihm recht, um uns zu zeigen, dass er für uns da ist.

Sprich deine Selbstzweifel ruhig aus, deine Unzufriedenheit, all den Müll, der dich lähmt und hemmt. Jetzt gleich! Gesteh es ein. Ruf eine gute Freundin an und rede mit ihr darüber. Wer nicht zugibt, dass er einen schweren Rucksack trägt, kann ihn auch nicht ablegen.

Ich persönlich konnte mich von der Meinung anderer Leute

erst frei machen, nachdem ich meinen Drang, anderen ständig gefallen zu wollen, wirklich als Sünde wahrgenommen habe. Ich war am Boden zerstört, als mir klar wurde, dass ich vieles nur deshalb tat, um in den Augen anderer gut dazustehen. Und erst als ich erkannte, dass das reine Eitelkeit war, wollte ich es nicht mehr.

Vielleicht schleppst auch du eine solche Last mit dir rum. Es genügt nicht, sich das einzugestehen, man sollte es auch bereuen. Denn nur wer eine Sache bereut, kann auch sein Laster lassen. Distanzier dich davon! Auch wenn dein Laster sich irgendwo in deinem Gedankenleben verbirgt. In der Bibel steht, dass wir *„alles menschliche Denken gefangen nehmen und es Christus unterstellen*“[6] sollen. Wir kämpfen gegen Sünde. Und wir glauben, dass Gottes Gnade ausreicht, um das zu tun.

Aber vielleicht kannst du dein Problem auch gar nicht lösen, weil es sich deiner Handhabe entzieht. Wenn dem so ist, dann tut mir das leid. Vielleicht leidest du an einer Krankheit, dein Ehepartner betrügt dich oder es ist etwas noch viel Schlimmeres. Vielleicht kannst du deinen Rucksack gar nicht aus eigener Kraft ablegen, er ist wie festgewachsen und du hast gar keine Hoffnung, dass sich in deinem Leben noch einmal etwas ändert.

Sowohl meine Schwester als auch meine beste Freundin mussten in den vergangenen Jahren entsetzlich leiden und ich habe sie beide begleitet. **Ich hasse es, Menschen leiden zu sehen!** Aber mittendrin in alldem habe ich Gott erkannt. Jesus in einer solchen Situation zu erfahren, fühlt sich besser an, als irgendwelche Geschichten zu lesen, die davon handeln, wie am Ende alles gut wird. Er hat den Menschen, die mir nahestehen, gutgetan, und zwar so zuverlässig, dass ich voller Vertrauen sagen kann, dass es bei dir ähnlich sein wird.

Oft treibt uns der Feind so tief in eine Wüste, dass wir uns ganz und gar verlassen fühlen und uns nicht vorstellen können, jemals wieder Freude zu empfinden. Aber Gott hat uns versprochen: „*Er weidet mich auf saftigen Wiesen und führt mich zu frischen Quellen. Er gibt mir neue Kraft.*"[7]

Und was jetzt?

Bevor du nun anfängst, dich schuldig zu fühlen für den Inhalt deines schweren Rucksacks – hör auf damit. Die Schlepperei ist bereits schwer genug. Es hilft nicht, sich jetzt auch noch Schuldgefühle aufzuladen.

Gott vergibt uns jegliche Sünde, ein für alle Mal. Weder ist er nachtragend noch führt er Buch. In Psalm 103,12 heißt es, dass die Liebe Gottes so groß ist, dass „*er unsere Schuld von uns fortwirft, so fern, wie der Osten vom Westen liegt*".[8] Es fällt uns schwer, das zu glauben, vor allem deshalb, weil wir selbst so nachtragend sind. Wir bewerten andere und definieren sie über ihre Fehler. Wenn jemand betrügt, ist er ein Betrüger. Und wer lügt, ist ein Lügner.

Aber sobald wir Gott eine Sünde gestanden haben, ist sie vergeben, ein für alle Mal. Nichts bleibt von ihr zurück; es gibt keine Erinnerung an den Fehler, den wir gemacht haben. Wir sind auch nicht zur Wiedergutmachung verpflichtet, denn wir haben Gottes Gnade sowieso durch nichts verdient. Er schenkt sie uns einfach. Jedes Mal wieder neu. Wer meint, seinen Rucksack voller Scham und Schuld weitertragen zu müssen, geht bösen Stimmen auf den Leim, die wollen, dass wir daran zweifeln, dass uns jemals wirklich vergeben ist.

Auch wenn deine Augen noch auf den Teppich gerichtet sind, unter den wir Angst und Scham zu kehren gewohnt sind – Gott vergibt uns nicht nur die Fehler, die wir in der Vergangenheit gemacht haben, sondern er erlöst uns auch von dem Gefühl, für die Zukunft alles vermasselt zu haben.

Einmal beispielsweise kam abends nach der Bibelstunde eine Frau zu mir, die ich hier Joanna nenne. Ihren Blick hielt sie auf den Boden gerichtet, ihr dunkles, zerzaustes Haar hatte sie aus dem Gesicht gestrichen. Sie trug ein altes, viel zu großes, verwaschenes T-Shirt. Es kam mir so vor, als sei sie vollkommen am Ende.

Ich hockte mich auf die Stufen vor der Kirche und versuchte, ihr in die Augen zu sehen und zu erkennen, was diese Frau so bedrückte. Sie setzte sich neben mich, sah aber weiterhin zu Boden. Schließlich sagte sie: „Folgendes ist passiert: Ich habe gerade in meinem kleinen Bibelkreis etwas erzählt, was niemand weiß. Etwas, das geschehen ist, als ich vierzehn war."

Mein Herz fing an, schneller zu schlagen. Ich schätzte Joanna auf Anfang vierzig, sie musste also an dieser Last schon sehr lange tragen, beinahe drei Jahrzehnte! Gleichzeitig durchströmte mich Hoffnung, dass dieser Moment für sie etwas verändert hatte. Vielleicht hatte ein Eingeständnis sie befreit.

Tränen traten mir in die Augen, als sie mir eröffnete, wie schlimm es für sie sei, dass sie fast Fremden ihr schrecklichstes Geheimnis anvertraut hatte. Etwas, von dem nicht einmal ihr Ehemann etwas ahnte. Da ich auch nicht wusste, wie es für sie weitergehen würde, tat ich, was mir das einzig Richtige schien – ich griff ihre Hände und fing an zu beten. Nach dem Amen ermutigte ich sie, bei jemandem Rat zu suchen und mit ihrem Mann über diese große Last zu sprechen, die sie bislang allein getragen hatte. Ich weiß bis heute nicht, was Joanna so aufgewühlt hat … vielleicht handelt es sich um einen Missbrauch oder eine

Abtreibung. Ich weiß es nicht und brauche es auch nicht zu wissen. Aber ich wusste, es gab jemanden, der sich darum kümmern würde.

Drei Wochen später kam Joanna zu mir und sah mir direkt in die Augen. Sie hatte sich in eine Beratung begeben, ihr Ehemann hatte sich verständnisvoll gezeigt und mit ihr geweint, als sie ihm von ihrem Geheimnis erzählte. Sie sagte: „Jennie, mein Mann und ich sind uns noch nie so nah gewesen. Ich bin so erleichtert wie noch nie in meinem Leben."

Ihr gesamtes Auftreten hatte sich innerhalb von drei Wochen komplett verändert. Alles an ihr sah frei und gelöst aus.

Aber sie konnte nur erlöst werden, weil sie das, was sie so sehr bedrückte, ausgesprochen hatte. Und das haben auch wir zu tun, wenn wir die Lasten, die wir tragen, wirklich loswerden wollen.

Es gibt keinen anderen Weg: Natürlich braucht man Mut dazu. Den Mut, sich **zuerst einzugestehen, dass wir unvollkommen sind, um dahin zu kommen, dass Gottes Gnade genug für uns ist**. Wer so tut, als wäre alles in Ordnung – der ist nicht allein, denn viele kommen auf diese Art irgendwie durchs Leben. Um diese Illusion aber aufzugeben, brauchen wir Gott.

Es kann sehr schwer sein, sich dazu durchzuringen.

Gib dir einen Ruck!

Keine gekünstelten Performances mehr. Kein So-tun-als-ob. Hör auf damit, ständig irgendjemandem etwas beweisen zu wollen.

Eigentlich wollen wir ja Schluss machen damit – nur müssen wir dazu Dinge zugeben, die wir oft kaum zu denken wagen.

Keuchend schleppen wir im Verborgenen unsere Rucksäcke mit uns, vollgepackt mit Zeug, das wir am liebsten nie beim Namen nennen würden. Ganz allein mühen wir uns damit ab. Jeder ist mit sich selbst beschäftigt, anstatt anderen einmal in die Augen zu sehen und zu sagen: „Ist das nicht schrecklich? Ich kann nicht mehr!“ Wenn sich die Leute nur trauen würden, das zuzugeben, wäre es möglich, ihnen Gnade zuzusprechen. Wir könnten zulassen, dass jemand uns an Gott und seine Liebe für uns erinnert, für uns betet, vielleicht sogar dafür kämpft, dass es uns besser geht.

Stattdessen lassen wir zu, dass feindliche Mächte uns dermaßen niederdrücken.

Ich wünsche mir so sehr, dass wir Gott und uns selbst gegenüber ehrlicher sein können. Denn dann werden wir uns befreiter fühlen, wir können dann wieder damit anfangen, Gott zu lieben, und werden unser Leben wieder schöner finden, ganz gleich, was passiert. Das ist nicht leicht, aber weniger schwierig, als einfach so weiterzumachen.

Schon mal drüber nachgedacht? – Vielleicht kannst du dich nicht befreien, weil du einfach nicht gnädig zu dir selbst bist und du meinst, in all deiner Anstrengung, an die du dich klammerst, eine Sicherheit zu sehen?

Was, wenn du deine selbst gemachten Belohnungskärtchen einfach zerreißt und fortwirfst?

Was, wenn du einfach aufhörst, dich zu verstellen?

Wenn du lernst loszulassen, weil du die Kontrolle sowieso nicht hast?

Wenn du anfängst, dein Leben und Gott wieder zu genießen?

Wenn du aufhörst, bei Gott Punkte zu sammeln und stattdessen einfach mit ihm unterwegs bist?

Wenn uns ein solcher Perspektivwechsel gelingt, werden wir verändert. Denn dann sind wir Gott nah, wir erkennen ihn und er kann uns verändern. Und es öffnet sich ein Weg, der unseren

Glauben vertieft. Er führt uns zu einem Glauben, in dem wir erfahren, wer Gott ist und wer wir sind. Wir brauchen uns dabei gar nicht so sehr anzustrengen. Im Gegenteil! Es macht Spaß, Gott in seiner Fülle kennenzulernen, anstatt so hart für ihn zu arbeiten.

Ein Beispiel: Als Gott die Israeliten aus der ägyptischen Sklaverei befreite, führte er sie durch die Wüste. Aber wo sein Volk auch war, ob in Ägypten, in der Wüste oder im Gelobten Land, sein Ziel blieb immer dasselbe. Er befreite die Menschen, damit …

sie ihn besser kennenlernten.
sie ihn loben und preisen sollten.
sie ihn lieben sollten.
sie frei sein und seine Nähe spüren konnten.

Ebenso will Gott auch uns befreien, und zwar von unserem Eifer, von unserer Last, von dem Schmerz, nie zu genügen.

Du kennst diesen Schmerz?

Seit meiner Kindheit trage ich ihn in mir wie eine klaffende Wunde. Ein Gefühl, das sich anfühlt wie ein schrecklicher Durst, habe ich in all meine Beziehungen hineingetragen, in meine Arbeit, und es hat meine Gedanken lange beherrscht. Immer wollte ich irgendwelchen Erwartungen entsprechen. Als ich dann endlich erfolgreich war, konnte ich nicht genug davon kriegen. Es ist verrückt, aber wenn man Befriedigung in den falschen Dingen sucht, will man immer noch mehr davon haben.

Mein Durst machte sich auch in meiner Ehe bemerkbar. Wenn Zac und ich ganz normale Auseinandersetzungen hatten, bin ich meist eingeknickt und habe extrem reagiert, weil unsere Beziehung meine überzogenen Ansprüche nicht erfüllte. Ich war fixiert darauf und gleichzeitig ständig frustriert in dem Bemühen, die Erwartungen meines Ehemanns, meiner Eltern, Lehrer,

Trainer und irgendwelcher anderer Leute zu erfüllen. Fälschlicherweise meinte ich auch, dass Gott ständig unzufrieden mit mir war, und ich begann sogar schließlich den zu meiden, vor dem ich mich nicht mangelhaft zu fühlen brauchte.

Vielleicht empfinden nicht alle Menschen so, aber diese Verzweiflung ist mir schon oft begegnet. Wir können nicht unser ganzes Leben lang mit so viel Last herumlaufen, das raubt uns jegliche Energie.

Jesus ist nicht nur gekommen, um uns seine und Gottes Gnade zu zeigen. Er ist auch gekommen, damit wir Erfüllung finden, und zwar in Gott. Wir dürfen alles loslassen, was uns Angst macht oder von ihm ablenkt, und uns ganz auf Gott konzentrieren, uns durchströmen lassen von seiner Gnade.

Sie reinigt uns.

Erfüllt uns.

Befreit uns.

Schenkt uns neue Energie.

Jesus kam nicht, um uns mit irgendwelchen Anforderungen zu quälen; er kam vielmehr, weil er ganz nah bei uns sein wollte.

Immanuel – so lautet sein Name. Gott ist mit uns.

Ich will das hier in aller Deutlichkeit so betonen, weil vielleicht nicht jeder weiß, warum Gott nicht erwartet, dass wir perfekten Ansprüchen gerecht werden.

Jesus Christus, sein Sohn, hat getan, was wir selbst nie schaffen werden: Er war vollkommen. Und so hat er das größtmögliche Opfer gebracht. Er ist der Einzige, der jemals all das erfüllt hat, was Gott für die Gemeinschaft mit ihm verlangt hat. Aber anstatt diesen Erfolg für sich zu verbuchen, hat er uns seinen Platz überlassen. Er schenkt uns seine Vollkommenheit und nimmt dafür unsere Fehler und Mangelhaftigkeit auf sich. Er hat all unsere

Sünden, all unsere Fehler für immer abgegolten, als er am Kreuz gestorben ist. Und all diejenigen, die ihre Sünden eingestanden und bereut haben und von ihm erlöst werden möchten, sind nicht nur gut genug für den vollkommenen Gott, sie werden von ihm über alles geliebt.

So ist das! Und ich kann selber nicht aufhören, darüber zu staunen.

Wir brauchen einem Gott, der uns bereits als seine Kinder adoptiert hat, nichts mehr zu beweisen. Ich will damit niemanden auffordern, apathisch und faul zu werden, aber jegliche Selbstdarstellung ist überflüssig. Gott will einfach nur für uns da sein. Und wenn wir das wirklich verstanden haben, dann sind wir alles andere als apathisch. Denn wer sich so ganz und gar und vorbehaltlos geliebt fühlt, kennt keine Apathie. Und er braucht auch ganz sicher keine Sticker mehr zu sammeln.

Cooper ist davon überzeugt, dass seine Klebesternchen mir wichtig sind, und natürlich freue ich mich, wenn meine Kinder gehorchen und ihre Sachen gut machen. Aber er versteht noch nicht, dass ich ihn an den Tagen, wo er sich unmöglich aufführt, genauso liebe wie an guten Tagen. Ich bin immer für ihn da. Auch wenn ich manchmal die Geduld verliere, so sind meine Gefühle für mein Kind unerschütterlich. Er ist und bleibt mein Sohn! Sein Verhalten, seine Leistungen oder sein Fehlverhalten ändern an meiner grundsätzlichen Liebe zu ihm überhaupt nichts.

Auf kognitiver Ebene ist dir diese Vorstellung von göttlicher Liebe sicher schon begegnet. Du hast von Gottes Liebe gehört, aber es fällt dir schwer, sie zu spüren und daran zu glauben, dass sie so unerschütterlich ist, wie er sagt. Nimm deine Zweifel und Fragen und bring sie im Gebet vor ihn. Rede darüber und gesteh sie ein. Nur wenn du mit Gott und mit dir selbst wirklich ehrlich bist, kann er dich heilen und die Löcher in deinem Herzen füllen.

Erkennen wir uns selbst erst einmal so, wie Gott uns sieht, dann wissen wir, dass wir gar nichts für seine Liebe tun müssen. Denn wer Gottes Nähe spürt, empfindet keinen Druck oder die Aufforderung etwas zu tun, sondern lediglich das Bedürfnis nach Anbetung.

Einer beängstigenden, aber schönen Wahrheit begegnen

Vor einigen Jahren stand ich zu Beginn unseres zweiten *IF: Gatherings* hinter der Bühne im Dunkeln. Ich hatte gerade eine der wackeligsten Auftritte meines Lebens gehalten und nur mit Mühe bis zum Ende durchgehalten. Kaum jemand aber wusste um den Grund für meine Unsicherheit.

In den vergangenen zehn Tagen hatte ich schonungslos unter Beschuss gestanden. Es begann mit einem harmlosen Ausschlag, der sich als Gürtelrose entpuppte, und darauf folgte eine Infektion. Obwohl ich mich ziemlich elend fühlte, hob ich meine Fäuste gegen diesen Angriff auf geistlicher Ebene und biss die Zähne zusammen: „Das macht mir gar nichts aus!"

Das war ganz schön naiv von mir, denn wenige Tage vor der Veranstaltung lag ich in meinem Badezimmer am Boden und musste mich übergeben vor Schmerzen. Gern hätte ich statt dieser Schmerzen Wehen gehabt und ein Kind geboren. Nein, noch schlimmer, ich wäre gern gestorben. Warum? – In meinem Unterleib war eine Zyste geplatzt.

Hinzu kamen dann noch Meldungen von außen, unsere Bewegung befände sich in einer Krise. Rasch musste ich als Leiterin einige der schwierigsten Gespräche anberaumen, die ich je geführt habe. Ich lag also mit wahnsinnigen Schmerzen im Bett, zugedröhnt von Schmerzmitteln und führte Dutzende unerfreulicher Telefonate. Es war so schlimm, dass ich mich fragte, ob unser junger Traum vielleicht wenige Tage vor der zweiten Veranstaltung bereits zu Ende sein würde.

Doch letzten Endes lösten sich die Probleme. Ich hielt eine ziemlich ungeschliffene Rede, immer noch im falschen Glauben, dass ich diejenige war, die alles am Laufen halten und die dunklen Mächte, die mir so zusetzten, ganz allein bekämpfen musste.

Nun stand ich also dort im Dunkeln. Shelley Giglio kam zu mir und sah meine Angst – ich konnte sie nicht verbergen. Sie nahm meine zitternde Hand und ich sprach die entsetzlichen Worte aus, die meine immense Unsicherheit offenbarten, vor denen ich so grauenhafte Angst hatte und glaubte, dass alle es bereits wüssten:

„Ich bin nicht gut genug für das hier. Ich. Kann. Das. Nicht."

Und dann bestätigte eine meiner wertvollsten Mentorinnen mir noch diese Unsicherheit. Ein sanftes Lächeln glitt über ihr Gesicht und sie sagte mir die niederschmetternde Botschaft mitten ins Gesicht: „Ja, ich weiß. Und genau aus diesem Grund hat Gott dir diese Aufgabe anvertraut, Jennie."

Meine geheimsten, tiefsten Ängste waren also wahr?

Nichts hat mich jemals mehr erleichtert.

Natürlich fand ich ihre Aussage auch schrecklich. Ich hatte gehofft, dass sie mein Selbstvertrauen wieder aufbauen würde. Sie sollte mir sagen, dass ich das selbstverständlich konnte, dass ich die Beste war und Gott mich deswegen ausgewählt hatte. Ich wollte an meine besondere Begabung glauben und daran, wie klug und tapfer ich war. Sie sollte bestätigen, dass ich die geeignete Person für diese verantwortungsvolle Position war. Gott und allen anderen wollte ich das beweisen. Doch genau das war mein Fehler, meine Sünde. Tief in mir wollte ich gut genug sein, aus eigener Kraft und nicht aus Abhängigkeit von Gott.

Mein großes Problem wurde mir nun bewusst: **Es ist gar nicht meine Annahme, nicht gut genug zu sein; es ist vielmehr meine Sünde, dass ich nicht aufhören kann, mich immer weiter anzustrengen**.

Und währenddessen hatte ich den Eindruck, dass Jesus zu mir sagte: *Ich will dich von deinem ewigen Streben befreien, von deinen Zweifeln, von deinem Stolz, der sich immer auf deine Leistung beruft und nicht darauf, etwas zu empfangen.*

Ich bin vollkommen.

Deswegen brauchst du es nicht zu sein.

3.
Abgelenkt und teilnahmslos

Als ich gestern Abend im Bett lag, schossen mir Erinnerungen aus den letzten Wochen durch den Kopf:

- Meine vier Kinder, die lachend in ihren Nikolausstrümpfen wühlten und enttäuscht feststellten, dass die untere Hälfte „nur" von Mandarinen gefüllt war.
- Wie Zac lächelte, als wir einen „romantischen" Grillabend mit wildfremden Menschen verbrachten, ganz spontan mit Papiertüchern als Servietten. Plötzlich sagte er zu mir: „Ich bin so froh, dass ich dich geheiratet habe."
- Meine Schwestern, die mich tagelang damit aufzogen, weil unser Kellner wegen mir ein Tablett mit fünfzehn Getränken hatte fallen lassen. Unbeschreiblich. Ungefähr so viele Kinder haben wir alle zusammen.

Während ich auf dem Kissen meinen Kopf ruhen lasse, versuche ich, solche Augenblicke für immer in Erinnerung zu behalten. Ich bilde mir ein, wenn ich nur genug solcher Glücksmomente in meiner Erinnerung „abspeichere", macht das mein Leben irgendwie bedeutungsvoller und es fliegt nicht alles so schnell an mir vorbei; als ob die Dokumentation besonderer Tage allem mehr

Gewicht verleihen könnte – als ob mein Leben dadurch mehr zählte.

Denn die meisten Tage vergisst man doch sofort, wenn es keine besonderen Vorkommnisse gibt. Bereits eine Woche später kann man sich an nichts erinnern. Man stumpft irgendwie ab. Das Leben wird zur Routine. Man gibt sich damit zufrieden, den chaotischen Alltag irgendwie zu meistern, durchzustehen.

Die letzten drei Jahre meines Lebens waren von tragischen Ereignissen überschattet. Eine meiner besten Freundinnen, Sarah Henry, erlitt einen schweren Schlaganfall. Meine Schwester hat die Scheidung ihrer Ehe durchlebt. Und währenddessen hatte ich mich mit den wachsenden Herausforderungen als Leiterin des *IF* völlig übernommen, denn auch Cooper und meine anderen älteren Kinder brauchten Aufmerksamkeit, und überall auf dem Globus gab es Not leidende Menschen; das ganze Leben schien mir auf einmal sehr anstrengend. Mein Rucksack wurde unvorstellbar schwer. Aber anstatt darauf zu vertrauen, dass dieses Gewicht von Gott und meinen Mitmenschen mitgetragen würde, klinkte ich mich innerlich aus, lehnte mich mit meiner schweren Last gegen eine Wand und sah mir sieben Folgen der Fernsehserie *Im Zentrum der Macht* an.

So hat Jesus das vermutlich nicht gemeint, als er uns aufforderte, ihm nachzufolgen, nicht wahr? Ich verspürte eine wahnsinnige Angst, all das Schöne im Leben, das Gott mir schenkt, irgendwie zu verpassen. Obwohl ich mich für meine Mitmenschen und auch für Gott ins Zeug legte, schien von meiner Anstrengung in dem ganzen Chaos wenig übrig zu bleiben.

Es reicht nicht, grundsätzlich bloß anzuerkennen, dass Jesus genug für uns ist. Wir müssen uns regelmäßig daran erinnern, sonst lasten wir uns immer wieder neue Dinge auf.

Denn solange wir einfach bloß weiter im Hamsterrad laufen, können wir keine Freude und keine besonderen Momente verspüren. Doch wir sollen nicht einfach getrieben und blind durch unser Leben hasten bis zu dem Tag, an dem wir in den Himmel kommen.

Wir verpassen unser eigenes Leben, solange wir ehrgeizig versuchen, alles in unserem Leben selbst zu regeln – und das hat meist einer dieser beiden Konsequenzen zur Folge:

1. Wir sind überanstrengt

oder

2. wir sind teilnahmslos.

Auch beides gleichzeitig zu erleben, ist möglich, denn manchmal nehmen wir uns gerade deshalb teilnahmslos war, weil unser Leben uns so sehr auslaugt.

Überanstrengung und Teilnahmslosigkeit sind Anzeichen dafür, dass wir unseren Wert nicht allein durch Jesus definieren lassen. Wir verhalten uns wie Schüler einer Schulklasse. Da gibt es die Streber, die immer Einsen haben, die die Hausaufgaben perfekt machen und ihre Leistungsbereitschaft durch ständige Aufmerksamkeit unter Beweis stellen müssen. Hinten sitzen die Loser, die sich schon lange aufgegeben haben. Sie sind abwesend, gucken auf die Uhr und warten darauf, dass der Unterricht zu Ende geht. Vermutlich hängt unser Verhalten von unserer Persönlichkeit und unseren Neigungen ab. Aber irgendwie glaube ich, dass jeder von uns diese beiden Zustände des Übereifers und des inneren Abschaltens kombiniert, ganz gleich, ob man nun ein Mitläufer ist, ein Streber oder ein Rebell. Denn schließlich haben wir alle die gleichen Bedürfnisse: Einerseits wünschen wir uns Anerkennung und bedingungslose Liebe – wie auch immer wir das zu erreichen versuchen, wir alle wollen so akzeptiert werden, wie wir sind. Anderseits ermüden wir alle irgendwann – unser Durst nach Anerkennung wird nie wirklich gestillt, und wir gleiten in eine innere Leere ab, ohne uns dagegen wehren zu können.

Teilnahmslosigkeit ist einfacher als Schmerz. Es ist viel bequemer teilnahmslos zu sein, als sich ständig anzustrengen. Wir machen alle Fehler, wir sind gestresst, wir leiden, wir scheitern an unseren eigenen Ansprüchen. Nie gelingt es uns, die perfekten Nachbarn, Manager, Töchter, Freunde, Ehepartner oder Eltern zu sein, als die wir uns gern sehen würden. Nie läuft es so, wie wir uns das vorgestellt haben, und wir haben es aufgegeben, daran etwas ändern zu wollen.

Also betäuben wir uns mit sozialen Medien, ständiger Ablenkung, übermäßigem Fernsehkonsum, Alkohol, Arbeit oder sogar durch religiöse Einsatzbereitschaft, denn so wird all das Schwere in unserem Leben, das täglich über uns hereinbricht, erträglicher.

Aber dieser Zustand entspricht nicht dem wahren Leben. Wir bewegen uns dann nur wie Schlafwandler.

Problematisch ist, dass diese Art „Taubheitsgefühl" schwieriger zu erkennen ist als Traurigkeit, Wut oder Freude. Daher ziehen viele Menschen dieses Empfinden, teilnahmslos unterwegs zu sein, gar nicht in Erwägung, sie spüren nur unterschwellig, dass etwas nicht stimmt mit ihrem Leben.

Wenn ich dich jetzt fragen würde, wie es dir geht, was wäre deine Antwort?

Für gewöhnlich haben wir da ein paar Sätze als Standardrepertoire:

„Gut."

„Alles bestens."

„Ganz okay, glaube ich."

Aber wie geht es deiner Seele? Führst du wirklich ein erfülltes und glückliches Leben?

So fragt normalerweise niemand, denn wir haben Angst vor der Antwort. Nur zu gern wollen wir einfach weitermachen, uns der Routine ergeben. Wir essen morgens unser übliches Müsli, gehen zur morgendlichen Dienstbesprechung, erledigen unsere Besorgungen, legen die üblichen Wege zurück, kochen zu Mittag, was wir immer kochen, schlichten den alltäglichen Streit zwischen unseren Kindern. Sogar die Art und Weise, wie wir unser Gesicht waschen, unsere Zähne putzen und am Ende des Tages in unseren Schlafanzug steigen, ist vorhersehbar. Für die meisten Menschen verschwimmen so die Tage, sie verbinden sich mühelos zu Jahren oder ganzen Lebensabschnitten, und die einzigartige Geschichte, als Gott sich unser Leben ausgedacht hat, schleppen wir mühevoll mit uns, anstatt uns daran zu freuen.

Was machen wir falsch?

Unser Leben widerspricht dem gar nicht, was Gott mit uns vorhat; es bildet vielmehr die Grundlage. Wir achten aber nicht auf uns und merken nicht, dass wir geschaffen wurden und mit allem ausgestattet, um an der grandiosen, ewigen Geschichte, die Gott extra für uns vorbereitet hat, mitzuwirken.

Denn nur zu gern sortieren wir unser Leben in verschiedene Schubladen.

Wir gehen oft davon aus, dass das Praktische vom Geistlichen getrennt werden muss.

Das, was uns im Leben Spaß macht, wollen wir nicht mit dem vermengen, was wir für unsere Pflicht halten.

Unsere Familie und Freundschaften halten wir getrennt von unserem Berufsleben (oder unserer Berufung).

Wir sehen nicht, dass Gott all unsere Lebensbereiche berührt und wichtige Dinge und Begegnungen mitten in unserem Alltag stattfinden. Wir versuchen, das zu trennen, was zusammengehört. Manchmal erscheint diese Ganzheitlichkeit chaotisch, aber Gott hat dafür ein Rezept entwickelt, dessen Hauptzutaten Glaube und Erfüllung heißen.

Es ist noch nicht lange her, da habe ich mein Handy einmal um fünf Uhr nachmittags ausgeschaltet und in aller Ruhe beobachtet, wie meine Kinder sich mit ihren Hausaufgaben beschäftigten, fernsahen und Freunde trafen. Anfangs griff ich immer wieder reflexhaft nach dem Handy, nur um dann festzustellen, dass es ausgeschaltet war. Dann fiel mir ein, dass ich mein Leben aufmerksamer wahrnehmen wollte, und ich sah mich um.

Ich sah unseren achtjährigen Cooper, der mir ein Buch mit Lego-Geschichten brachte. Er setzte sich auf meinen Schoß und ich las ihm vor. Unsere zehnjährige Caroline fragte, ob ich ihr bei den Mathehausaufgaben – die mir selbst im dritten Schuljahr fast schon zu schwer sind – helfen könnte. Und unsere Kate ließ sich am Küchentisch nieder und erzählte mir alles Mögliche, während ich zum Abendessen einen Chili-Eintopf kochte. Zuletzt kam der sechzehnjährige Conner die Treppe herunter und hörte zu. Er deckte sogar den Tisch, aber natürlich erst, nachdem ich ihn darum gebeten hatte.

Statt andauernd auf mein Handy zu starren, nahm ich mein Leben wieder bewusster wahr, und das war wunderschön.

Vermutlich spielt sich unser Alltag immer wieder so oder so ähnlich ab, aber oft fehlt mir der geschärfte Blick dafür, um ihn bis in die Details genießen zu können. Denn in all diesen gewöhnlichen kleinen Dingen steckt Gott. Gleichzeitig fordert er uns dazu auf, alle möglichen außergewöhnlichen Sachen zu machen, an die wir ohne ihn niemals denken würden. Gott und unser Alltag – das ist kein Entweder-oder, es ist ein Sowohl-als-auch. Manchmal kann man gar nicht unterscheiden, ob es sich um etwas Wichtiges oder um etwas Unbedeutendes handelt; manches entgeht uns auch hier auf Erden, was erst im Himmel Bedeutung erlangt.

Wir müssen versuchen, von hilflos strampelnden, unbedeutenden kleinen Menschen, die ums Überleben kämpfen, zu Leuten zu werden, die sich bis in alle Ewigkeit geliebt wissen, selbstsicher, geborgen, gefährlich und kraftvoll. Wir haben einen klaren, noblen, ewigen Auftrag erhalten und erfüllen ihn, während wir gleichzeitig Lehrer sind, Angestellte, Manager, Hausmeister, Mütter und Freunde.

Eine Vision, die uns antreibt

Ich glaube, wir alle haben Sehnsucht nach einer klaren Vision für unser Leben. Neben dem Grundbedürfnis nach Liebe, Beziehungen und Anerkennung brauchen wir eine Vision, die uns inspiriert und all unsere anderen Sehnsüchte vereint. Eine Vision hilft uns, aus unserer abgestumpften Trägheit zu erwachen. Manchmal scheint es uns allerdings die bessere Alternative zu sein, uns selbst abzulenken, als möglicherweise mit einer großen Vision zu scheitern. Doch eine klare Vision, bei der Gott im Mittelpunkt steht, treibt uns zu etwas an, das besser ist als alles, was wir zuvor angestrebt haben.

Es klingt verrückt. Irgendwie träume ich persönlich davon, dass alle, die an Jesus Christus glauben, sich zusammentun und in ihrer Liebe zu Gott vereinen, so wie die Welt es zuvor noch nie gesehen hat.

Das ist in der Tat eine große Vision und ich bin sicher, dass die meisten Leser darüber hinweglesen, weil es ihnen unrealistisch erscheint und nichts mit dem aktuellen Leben zu tun hat, das uns tagaus, tagein beschäftigt – schließlich muss jeder seine Rechnungen bezahlen, die richtige Therapie für sein autistisches Kind finden, ein an Krebs erkranktes Elternteil pflegen oder endlich den Mann fürs Leben treffen. Oder die Vision scheint gar nicht zu helfen, wenn es darum geht, eine fortwährend latente Traurigkeit zu lösen, von der manchmal niemand weiß, woher sie kommt.

Eine wirklich große und mitreißende Vision könnte aber all diese Probleme lösen. (Okay, zugegeben, den Traumpartner zum Heiraten findet man dadurch vielleicht nicht unbedingt …) Doch wenn wir eine klare, mutige Vision haben, …

- brauchen wir einander und gehen Beziehungen ein,
- fühlen wir uns als Teil von etwas, das größer ist als wir selbst und spüren dadurch Anerkennung,
- merken wir mehr denn je, dass wir Gott brauchen und entdecken seine Liebe auf eine Art und Weise, wie wir sie vorher nicht gekannt haben.

Ich komme immer wieder auf die Bibel und Gott zu sprechen, weil sie beide mich fesseln und meinen tiefen Hunger nach Sinn und Visionen sowie dem Verstehen eines größeren Zusammenhangs befriedigen. Und sollte ich mich eines Tages darin getäuscht haben, weil ich mich mit ihm mein halbes Leben beschäftigt habe, dann bin ich wenigstens nicht die Einzige, die das tut.

In der Bibel gibt es eine Menge Menschen, die ein Ziel oder eine Vision hatten, und oft waren dies ganz gewöhnliche Viehhirten oder Händler:

- Paulus hat Zelte genäht und gepredigt, wobei er sein ganzes Leben mit seinen schönen und weniger schönen Erfahrungen wertlos fand im Vergleich zu dem, was ihn bei Jesus erwartete.

- Noah hatte einen aufsässigen Sohn und baute ein Schiff, mit dem er die ganze Menschheit rettete.
- Abraham zog mit seiner ganzen Familie in die Wüste und blieb fast sein gesamtes Leben dort. Gott erfüllte jedoch damit einen Plan, der über Generationen und für alle Zeiten Gültigkeit haben wird.
- David hütete irgendwo im Niemandsland Schafe und lernte dabei, wie man eine Steinschleuder benutzt – das zahlte sich später für ihn aus.
- Josua diente jahrelang fast unbemerkt neben Moses, wobei er seine Zuverlässigkeit und seinen Glauben entwickelte, mit denen er später eine ganze Generation ins Gelobte Land führte.
- Rut kümmerte sich um ihre Schwiegermutter, sammelte Essen und fand einen guten Mann. Dann zog sie ihre Kinder auf; es waren direkte Vorfahren von Jesus Christus.
- Nehemia arbeitete zwar für einen heidnischen König, befand sich aber genau am rechten Ort, um die Mauer von Jerusalem bauen zu lassen.
- Jesus war Zimmermann, bei seinen Anhängern handelte es sich um Steuerbeamte, Fischer, Singles, Eltern und Missionare.

All das gehört zusammen: die Rollen, die wir im Alltag spielen, und die biblische Geschichte, die bis in alle Ewigkeit Bestand hat. Allzu oft spalten wir Dinge ab und nehmen die Zusammenhänge nicht wahr.

Als Zac und ich in Dallas studierten, konnte man dort sehr günstig Karten für Symphoniekonzerte bekommen. Ich hatte bis dato noch nie ein klassisches Konzert besucht. Um ehrlich zu sein, interessierte mich so etwas auch nicht. Aber Zac besorgte Tickets und überraschte mich eines Abends damit. Ich war nicht sonderlich begeistert.

Wir saßen also mitten in der Stühle rückenden Menge, die Leute nahmen flüsternd ihre Plätze ein und ich bereute bereits, dass wir Geld für den Babysitter ausgegeben hatten. Dann schnitt der Ton einer einzelnen Geige durch die angespannte Stille. Das schien beeindruckend zu sein, berührte mich aber nicht im Geringsten.

Dann kamen die Flöten hinzu und ich merkte, wie ich mich langsam entspannte.

Anschließend stießen nach und nach fast einhundert verschiedene Instrumente dazu und füllten den Raum mit ihrem Klang. Ich war vollkommen überwältigt, lehnte mich zurück und versuchte zu begreifen, was hier geschah. Jede einzelne Saite, jede Taste und jede Note ergaben zusammen eine beeindruckende Schönheit, von deren Existenz ich nichts geahnt hatte.

Wir alle können Teil einer großen Symphonie sein, dieses gigantischen Werks, das Gott ohne Unterlass aufführt.

Leider hören wir meistens nur einen einzelnen Beckenschlag oder das sonore Brummen eines Cellos. Das ganze Werk aber begreifen wir nicht, weil die Teile zersplittern und ihre Schönheit so einbüßen.

Jede Geschichte, jede Person, die in der Bibel vorkommt – sie alle sind Teil eines großen Ganzen, von dem sie damals noch nichts ahnen konnten. Auch sie haben an einer Symphonie mitgewirkt, in deren Verlauf der Sohn Gottes auf die Erde gekommen ist, um einem ganzen Volk das ewige Leben zu schenken.

Und ich bin mir ziemlich sicher, dass David sich darüber nicht im Klaren war, als er gerade mit der Schafschur beschäftigt war.

Auch als Daniel seinen Salat aß, während die anderen um ihn herum Steaks verspeisten, ahnte er bestimmt nicht, dass er den Weg für einen Zimmermann ebnete, der sich an einen Tisch mit Sündern setzen und uns alle retten würde.

Wenn ich aber ihre Biografien lese, diese göttlichen Geschichten, fühle ich mich wie eine absolute Närrin, die keinen einzigen ihrer Tage hier auf Erden in einem stumpfen, tauben, gleichgültigen Zustand verbringen sollte.

Wir alle wissen schließlich, wohin unsere Geschichte einmal in der Ewigkeit führt: Jesus wird wiederkommen und mit seinem Volk ein nie endendes Königreich errichten. Und wenn wir uns das klarmachen, Jesu Leben und seinen Auftrag vor Augen, wenn wir ihn erkennen und uns von seinem Geist erfüllen lassen, wenn wir tatsächlich an dieser großartigen, ewigen Geschichte teilhaben dürfen, wie können wir dann auch nur für eine Minute abschalten?

Trotzdem tun wir es.

Immer wieder vergessen wir die größeren Zusammenhänge, und wir übergehen die kleinen, alltäglichen Begebenheiten unseres Lebens und schätzen sie gering. Wenn uns aber bewusst wäre, dass das alles kleine Bausteine des Himmels sind, würden wir nicht so achtlos damit umgehen.

Jesus hat einmal gesagt: „*Was ihr für einen meiner geringsten Brüder oder für eine meiner geringsten Schwestern getan habt, das habt ihr für mich getan!*“[9] Diese kleinen Dinge, einem Hungrigen zu Essen geben, einem Bedürftigen Kleidung, bringen uns der Ewigkeit näher, denn wenn wir so leben, fühlen wir uns Jesus nah. Er befindet sich mitten in unserem Alltag, im ganz gewöhnlichen Chaos. Er ist da, wenn wir die Tagesdecke auf unserem Bett ausbreiten, mit dem Auto zur Arbeit fahren, mit Freunden essen oder das Geschirr abwaschen. Genau das sind die Gelegenheiten, worin wir Jesus begegnen können.

Die große Vision und Pausen, Arbeit und Spaß, Jesus und unsere täglichen Probleme – all das findet parallel statt. Aber allzu oft kapseln wir uns ab in unser eigenes Hamsterrad, in dem wir strampeln ohne nach rechts und links zu schauen, und verlieren den Blick für die Schönheit und Großartigkeit von Gottes Plan.

Die Welt ausblenden

Als die schweren Schicksalsschläge der vergangenen Jahre mich so niederdrückten, konnte ich gar nicht zugeben, dass es mir schlecht ging, insbesondere deswegen, weil ich die Gründe dafür selbst nicht verstand. Vieles von dem, was für mich so schwer zu ertragen war, empfand ich gleichzeitig als Segen.

Monatelang grübelte ich über die offensichtlichen Ursachen meiner Probleme; manchmal waren die geistlichen Angriffe so offensichtlich, dass ich darüber lachen musste, wie plump wir doch in Versuchung geführt werden. Ich stand unter einem derartigen Druck, dieses „reine Gotteswerk“ aufrechtzuerhalten, alle nur möglichen Anstrengungen zu unternehmen mit diesen vier in Turbogeschwindigkeit heranwachsenden Kindern, während es sich anfühlte, als würde ich nichts davon mitbekommen.

Einmal lag ich nachts wach und betete: *Weißt du was, Gott? Wenn es sich so anfühlt, dir nachzufolgen, dann weiß ich gar nicht, ob ich das wirklich will.*

Ich habe dann in der Bibel Rat gesucht. Und mit Freunden gesprochen. Gebetet und immer wieder gebetet. Ich habe sogar gefastet! Alles habe ich versucht, um irgendeine Veränderung herbeizuführen, denn die Dunkelheit wurde immer unerträglicher. Nichts schien zu helfen.

Sah ich auf mein Leben, wirkte es wie ein Traumschloss: Ich hatte einen umwerfenden Ehemann, vier gesunde und meist gut gelaunte Kinder, eine tolle Gemeinde, einen wunderbaren Freundeskreis, eine Aufgabe, die meinen Begabungen entsprach und mit der ich Jesu Worte in die Welt trug. Das alles deckte nicht nur meine Bedürfnisse, es entsprach vielmehr allem, was ich je erträumt und gehofft hatte! Trotzdem übermannten mich jeden Tag düstere Gedanken und irgendetwas flüsterte mir ein, ich solle das alles zum Einsturz bringen. Ja, es war ein überwältigender Drang da, das Traumschloss zu zerstören, und ich hatte keine Ahnung, warum.

Warum war ich nicht glücklich? Warum konnte ich nicht zufrieden sein? Was war bloß los mit mir?

Wenn ich ehrlich bin, muss ich zugeben, dass es mir gar nicht so elend ging. Die Traurigkeit ließ sich aushalten, aber ich war unsagbar gleichgültig.

Ich weinte mich zwar abends nicht in den Schlaf, aber ich dämmerte den ganzen Tag vor irgendwelchen Fernsehserien vor mich hin. Schreckliche Gedanken gingen mir durch den Sinn:

Ich will nicht Jesus, ich will Netflix.

Ich will nicht bei meinen Kindern sein, ich will schlafen.

Ich will meine Freundschaften nicht pflegen, ich will mich in Designerklamotten kuscheln und tonnenweise Torte und Pralinen essen.

Mein eigenes Leben kam mir selbst so wichtig und bedeutsam vor, dass Spaß und Freude daran definitiv zu kurz kamen.

Früher hatte ich lange Zeit nichts als Spaß und mein persönliches Wohlbefinden im Sinn gehabt. Erst als ich eine tiefere Beziehung zu Gott entwickelte, erkannte ich, dass es im Leben in Wirklichkeit darum geht, Gott und seine Mitmenschen zu lieben.

Seitdem schien es mir irgendwie falsch, mein eigenes Glück zu verfolgen. Ich brauchte vielmehr das Gefühl, für Gott und die Menschen zu leiden. Mein Gottesverständnis hatte wie ein großes Pendel dramatisch in die falsche Richtung ausgeschlagen, meine frühere, unreife Überzeugung hatte sich ins Gegenteil verkehrt, was genauso falsch war.

Das Problem meiner Überanstrengung bzw. zunehmenden Passivität war bereits ziemlich massiv, als Zac und ich eine Einladung von Freunden erhielten, eine Woche in einem Ferienhaus zu verbringen, das sich in der Nähe eines *Young Life Camps* namens *Malibu Club* befand, oben in Kanada.

Als wir dort ankamen, hatte ich immer noch keine Erklärung für mein Unglücklichsein und außerdem wenig Hoffnung, in dem *Young Life Camp* irgendeine große Veränderung meines Seelenlebens zu erfahren. Ich hoffte lediglich, mit Zac und meinen Freunden eine gute Zeit zu verbringen. Doch gerade das gestaltete sich extrem schwierig, denn auf einmal war ich umgeben von glücklichen Menschen, wodurch meine Situation plötzlich hervorstach und nicht mehr zu ignorieren war.

Ich wollte mich endlich wieder über Dinge freuen können.

Ich wollte frei sein.

Ich wollte meine Gefühle zurück.

Ich wollte meine Leidenschaft zurück.

Ich wollte meine Träume zurück.

Ich wollte mein Leben zurück!

Ich hatte Gott auf spektakuläre, wunderbare Weise erlebt und gesehen, wie er im Stillen wirkt, hinter den Kulissen, wo es trotzdem keinen Zweifel gab, dass er seine Hand im Spiel hatte. Er hatte meine Gebete beantwortet, er hatte geliebten Menschen geholfen, andere von ihrer Abhängigkeit befreit, wieder andere in

Brot und Arbeit gebracht, Dinge in Bewegung gesetzt, Kindern neuen Mut gegeben.

Wie nur konnte jemand, der unseren mächtigen Gott so erlebt hatte, sich so unglücklich und teilnahmslos fühlen?

Es war schrecklich, aber so war es nun mal. Ich war innerlich wie erstarrt, ohne zu wissen, wie ich damit umgehen sollte, und konnte mich kaum mehr bewegen, weil ich mir so viel aufgeladen hatte, und das alles, weil ich mich Jesus anvertraut hatte!

Einige Tage nach unserer Ankunft im Camp gestand ich Zac auf dem Weg zum Essen, was ich bisher nie laut gesagt hatte und vor mir selbst kaum zuzugeben getraute: „Irgendetwas stimmt nicht mit mir. Ich muss etwas in meinem Leben ändern. Ich weiß nur nicht, wie."

Oft unterhalte ich mich mit Frauen, denen es ähnlich geht. Schon nach wenigen Sätzen sehe ich es an ihren Augen:

Auch ihr wollt euch wieder über Dinge freuen.

Ihr wollt wieder frei sein.

Ihr wollt eure Gefühle zurück.

Ihr wollt eure Leidenschaft zurück.

Ihr wollt eure Träume zurück.

Ihr wollt euer Leben zurück!

Eines Abends stahl ich mich nach dem Essen fort, um Zeit mit Jesus zu verbringen. Ich war unendlich niedergeschlagen. Ich weinte nicht. Ich las nicht. Ich saß einfach nur da, sah in den Himmel und fragte Gott, was ich mit dieser Last tun sollte, die mich niederdrückte, mit diesem unsichtbaren, scheußlich schweren Rucksack. Und siehe da: Meine Seele fand Erleichterung, aber auf eine völlig unvorhergesehene Art und Weise. Gott hatte mich hierher gebracht, weil er unser gemeinsames Leben radikal ändern wollte. Er wollte nicht, dass ich mein Leben teilnahmslos an mir vorüberziehen ließ, er wollte seine Liebe erfahrbar machen, er wollte mir nah sein.

Er kam hinter mir her und wird eines Tages dich heimsuchen.

Ein Gast kam den Pfad entlanggestolpert, der sich offenbar verlaufen hatte. Es handelte sich um einen älteren Gentleman mit silbernem Haar und ernstem Blick. Im Camp hatte ich gehört, dass er gute Ratschläge geben konnte. Er sollte ein guter Berater sein. Genau das brauchte ich jetzt so dringend: jemanden, der herausfand, woran ich litt, und erklären konnte, warum mein Leben so unerträglich schwer geworden war.

Als er sich näherte, sagte ich: „Guten Tag, ich weiß, dass das jetzt verrückt klingt, aber ich habe ein Gefühl, als müsste ich mich Ihnen anvertrauen."

Er lachte und setzte sich neben mich. Dann hörte er sich geduldig all die bedeutenden und weniger bedeutenden Details aus meinem Leben an, wie schwer mir mein Dasein in einem Traumschloss fiel und dass mir nichts gut genug schien. Obwohl ich behauptete, gefühllos zu sein, reagierte ich bald mit einem emotionalen Ausbruch, weinte an der Schulter dieses armen Mannes, wischte meine Tränen und die Nase an seinem Hemd ab.

Ich erzählte ihm auch von meinem kaum zu bändigenden Wunsch, mein Lebenswerk zu zerstören. Ich gestand, wie sehr ich mich danach sehnte, von Gott gelobt zu werden, und welche Angst ich hatte, Schaden anzurichten. Ich berichtete von meinem Gefühl, nie genügen zu können, dass mein Herz nicht rein genug war, dass ich keine gute Leiterin war, dass Gott mir diese Aufgabe nie hätte geben dürfen. Ich sagte auch, wie sehr ich gleichzeitig wünschte, Gott zu gefallen.

Er hörte sich alles an, lächelte und nickte. Und was erwiderte er schließlich darauf?

„Reiß all das ein, Jennie!"

Wie bitte?

„Ja, du kannst dein Schloss ruhig einreißen. Wenn es dir von Gott gegeben wurde, dann kannst du gar keinen Schaden anrichten, ganz gleich, wie sehr du dich anstrengst. Und wenn es nicht Gottes Werk ist, dann tust du ihm lediglich einen Gefallen."

Mein Gehirn arbeitete fieberhaft, während Freiheit und Frieden in greifbare Nähe rückten. Ich stellte mir vor, wie ich *IF* verließ … all die Erwartungen, den Druck, die Träume. Und dann sah ich, wie es zurück in seine alte Form ploppte, als wäre es eine dieser Gummi-Hüpfburgen.

Er sagte Sätze wie:

„Jennie, es ist nicht so, dass Gott dich *braucht*. Er *liebt* dich."

„Kein Wunder, dass du erschöpft bist, du hast dir wirklich eine Menge aufgeladen."

„Ich würde mir auch lieber auf Netflix Filme ansehen als bei Jesus sein, wenn ich die ganze Zeit Angst haben müsste, dass ich seine Erwartungen nicht erfülle."

„Gott macht sich überhaupt nichts aus Erfolgen, Misserfolgen, Visionen oder Enttäuschungen. Er benutzt diese Dinge nur, um Kontakt zu uns zu bekommen, um *dir* nah zu sein."

Ich lachte laut über die absurden Lügen, an die ich geglaubt hatte, über all die scheinbar noblen Anstrengungen, die ich mir auferlegt hatte, um zu beweisen, dass ich eine solche Bewegung anführen konnte. Wie dumm von mir zu denken, dass ich ein göttliches Werk aufbauen müsste. Wie arrogant anzunehmen, dass nur ich es schaffen konnte, wenn mein Herz rein genug war.

Mir wurde an diesem Abend bewusst, dass ich ein Leben *für* Gott gelebt hatte, anstatt mit *ihm* zu leben. Ich hatte mir selbst so viel Druck gemacht.

An diesem Abend war ich näher am Himmel, als ich je zuvor gewesen war. Gott flüsterte mir zu: *Was wäre, wenn all deine Wünsche, all die Sehnsucht nach Glück, ganz einfach in Erfüllung gehen könnten? Du brauchst nichts weiter zu tun, als mich und deine Mitmenschen von Herzen zu lieben.*

Aber natürlich! So einfach war das!

Das hatte ich schon gewusst, aber geglaubt hatte ich es nicht. Das macht einen gewaltigen Unterschied.

Er flüsterte: *Weißt du, wie sehr deine Seele sich nach mir sehnt? Nur nach mir. Das ist es, was du brauchst, daraus besteht das Leben. So fühlt sich Frieden an. Das bedeutet Hoffnung. Es ist die reine Freude.*

Ich stellte mir vor, wie Jesus mich zu diesem großen Abenteuer abholt und sagt: Jennie, *komm her zu mir, ihr alle, die ihr euch abmüht und unter eurer Last leidet! Ich schenke euch Frieden. Vertraut euch meiner Leitung an und lernt von mir, denn ich gehe behutsam mit euch um und sehe auf niemanden herab. Wenn ihr das tut, könnt ihr beruhigt sein. Das Joch, das ich euch auflege, ist leicht, und was ich von euch verlange, ist nicht schwer zu erfüllen.*[10]

Jennie, ich wünsche mir, dass du nicht mehr für mich arbeitest, sondern einfach in meiner Nähe bist. Wir haben einige Felder zu bestellen und du blickst immer nur geradeaus, arbeitest und schuftest und ziehst dieses schwere Ding selbst. Halte doch einmal inne und sieh zur Seite. Dreh dich doch mal um.

Und als ich das tat, sah ich neben mir einen gewaltigen Ochsen stehen.

Meine kleine Gestalt war schon die ganze Zeit eingespannt neben diesem riesigen Zugtier, und das war Gott. Er war immer an meiner Seite gewesen! Es ist nicht so, dass ich mich ausruhen kann, weil die Arbeit so leicht ist. Auch nicht, weil ich meine

Aufgabe tatsächlich stemme, sondern nur, weil GOTT immer an meiner Seite war. Er hat meine Arbeit gemacht und ich darf mich ausruhen, weil er so stark, gut und freundlich ist.

Er sagt: *Da bin ich, ich bin da, immer da, und du bist bei mir – oder aber du bist ganz allein.*

Ich habe es mir viel schwerer gemacht als nötig.

Gott beruft uns zu seiner großen Vision. Er fordert uns auf, in die Welt hinauszugehen und überall Jünger für ihn zu finden und den Menschen zu zeigen, wer Jesus ist und wie er sie verwandelt. Wir sollen den Hungrigen zu essen geben und den Kranken Hoffnung bringen und unsere Familie bis ans Ende aller Tage lieben. Unser Leben soll anderen Freiheit bringen und sie in Gottes große Familie einladen.

Manchmal bekommen wir von diesem Wunder gar nichts mit, weil wir in unserem Alltag und unseren weltlichen Angelegenheiten versacken, aber er hat eine aufregende und noble, beeindruckende Aufgabe für uns, und wer daran noch nicht mitwirkt, der kennt nun einen der Gründe, warum er das Gefühl hat, etwas zu verpassen – denn genauso ist es.

Wir dürfen die Vision nicht auf die leichte Schulter nehmen, aber wir können Gottes Aufgaben überhaupt nicht erfüllen, wenn wir es nicht mit seiner Kraft und seiner Energie tun.

Plötzlich wusste ich, was ich mit meinem Rucksack tun würde. Ich würde nicht länger darunter ächzen und auch nicht mehr müde an einer Wand lehnen und mich mit Netflix zudröhnen. Nein, ich würde ihn dem Ochsen aushändigen, der mich hierher geführt hatte und nun bei mir war, viel geeigneter als ich, dieses Gewicht zu tragen, und ich würde es genießen, mit ihm in die Welt zu gehen. Er hatte nur darauf gewartet, dass mir endlich auffiel, dass er das Gewicht die ganze Zeit schon getragen hatte.

4.
Nach Luft schnappen

Als ich elf Jahre alt war, wäre ich während einer Sommerfreizeit fast gestorben. – Wir waren mit Kajaks, Kanus und kleinen Segelbooten vom Ufer des Freizeitheims aus zu einer kleinen Insel gefahren und hatten dort einige Tage gezeltet. Ich muss dazu sagen, ich war schon immer ein Freund von einer Dusche. Zu duschen ist für mich ziemlich wichtig, und deshalb freute mich riesig, als wir endlich wieder zum Festland zurückkehrten. Als es Zeit war aufzubrechen, schnappte ich mir drei Freundinnen und wir rannten zu unserem bevorzugten Wasserfahrzeug, einem kleinen Kunststoff-Segelboot.

Nachdem wir die halbe Strecke auf dem Wasser zurückgelegt hatten, zogen plötzlich unheilvoll dunkle Wolken am Himmel auf. Innerhalb von Minuten prasselte der Regen unaufhörlich auf uns nieder. Vier Elfjährige saßen also zusammen in einem kleinen Segelboot mitten im Sturm. Panik brach aus. Meine Aufgabe bestand im Festhalten der Leinen, an denen unsere Segel hingen. Je kräftiger ich daran zog, desto schneller bewegte sich unser Boot – und wir hatten es enorm eilig. Aber da ich erst elf Jahre alt war und so gut wie keine Erfahrung im Segeln hatte, konnte ich das Boot einfach nicht richtig steuern. Bevor ich wusste, wie mir geschah, versetzte mir der Baum einen Schlag und ich fiel ins Wasser. Und dabei wickelten sich die Leinen, die eigentlich das Segel straffen und dem Boot Geschwindigkeit geben sollten, um meinen Hals.

Ich erinnere mich lebhaft daran, wie dunkel das Wasser auf einmal war, als das Boot mich hinter sich herzog. Durch den Widerstand meines Gewichts im Wasser wurde nun das Segel noch mehr gestrafft, weswegen das Boot noch schneller fuhr, ich spannte sozusagen die Leine. Und gleichzeitig würgte sie mich, denn die Kontrolle über das Boot hing um meinen Hals.

Ich versuchte, die Leine von meinem Hals zu entfernen, um nach oben schwimmen und Luft holen zu können, aber sie ließ sich nicht entwirren und das Boot raste einfach immer weiter. Der Wind war so stark, dass ich immer nur ganz kurz Luft bekam, dann musste ich wieder zurück unters Wasser, wo ich hilflos mitgezogen wurde. Meine eigenen Kräfte reichten nicht aus, um die Leine zu lösen.

Das Boot wurde immer schneller, während ich vergeblich versuchte, aufzutauchen und Luft zu holen.

So hilflos habe ich mich noch nie gefühlt.

Ich war nicht imstande, mich selbst zu retten.

Heute, als Mutter von vier Kindern, die inzwischen ebenfalls auf Sommerfreizeiten fahren, weiß ich nicht, was ich tun würde, wenn ich vom Ufer aus zusehen müsste, wie einem von ihnen so etwas passiert. Aber bevor ich das Bewusstsein verlor, bemerkte einer der Betreuer meine Notlage und kam mir in seinem Kajak zu Hilfe.

Jemand musste mich retten. Ich konnte es nicht aus mir selbst heraus tun.

Und genau so geht es uns allen.

Das Leben zieht an uns … immer stärker, und wir versuchen immer verzweifelter, zwischendrin Luft zu schnappen. Das Leben zieht uns mit sich, mal ganz abgesehen von den enormen Rucksäcken, die wir da noch mit uns schleppen.

Doch wir können uns nicht selbst retten. Wir sind auf Hilfe angewiesen.

Glaube mir, wenn du erschöpft davon bist, dich ständig selbst beweisen zu müssen, dann bist du nicht die Einzige, der es so geht. Wir alle plagen uns damit rum.

Und es gibt einen Schuldigen, der uns dazu treibt. Dieser Schurke spioniert unser Leben aus und drängt sich in jede Ritze, die er nur finden kann. Er bahnt sich auch Wege in unseren Kopf, von wo aus er uns einflüstert: *Ihr seid nicht gut genug. Ihr könnt das nicht. Ihr seid Loser.* Und irgendwie spüren wir, wie recht er hat.

Zum Glück gibt es da auch einen heldenhaften Gegenspieler. Doch das bist weder du noch bin das ich. Wir wünschen uns zwar alle, einmal Helden sein zu dürfen. Sobald ein echter Schurke auftaucht, wollen wir draufhauen und der Retter in der Not sein. Schließlich gewinnt der Held immer, er ist der Stärkste und beherrscht die Lage.

Aber was ist mit denjenigen, die gerettet werden müssen?

Sie befinden sich in Not. Sie treiben hilflos im Wasser oder liegen zusammengekrümmt irgendwo auf dem Boden, wo sie verzweifelt in ein T-Shirt schluchzen. Sie können nicht gewinnen, sie sind alles andere als stark, alles andere als Herren (oder Frauen) der Lage.

Ich habe immer geglaubt, das beste Ende für eine schwierige, aufregende Geschichte sei das Auftreten eines mutigen Helden, aber mittlerweile weiß ich, wie schön und befreiend es ist, sich retten zu lassen.

Die Wahrheit ins eigene Leben lassen

Ich bin nicht gut genug – das ist ein schrecklicher Satz, der uns zu allen möglichen Gelegenheiten immer wieder in den Sinn kommt. Aus meinem Freundeskreis kann ich einige Geschichten dazu beisteuern:

- Da ist beispielsweise *Bekah*, sie ist Fitnesstrainerin. Und während Nachbarn und Freunde in ihre Kurse kommen, begleitet sie diese auch während Krebserkrankungen oder durch die Zeit einer schwierigen Scheidung. Immer wieder bietet sich ihr die Gelegenheit, über Jesus zu reden, aber dennoch fragt sie sich, ob ihre Arbeit eigentlich wichtig genug ist.
- Bei *Laura* handelt es sich um eine der besten Schmuckverkäuferinnen ihrer Firma, trotzdem zweifelt sie an ihrer Eignung für diesen Beruf.
- *Sarah* erlitt einen schweren Schlaganfall und befindet sich nun in der Reha, lernt wieder sprechen, lesen und laufen. Sie musste allerdings auch erst lernen, über ihre Sorge zu sprechen, dass sie meint, keine gute Mutter mehr für ihre drei Kinder sein zu können.
- *Jessie*, eine Frau Anfang sechzig, ist schon seit vielen Jahren geschieden. Sie glüht nur so vor Liebe für Jesus. Ihre Kinder sind bereits erwachsen, insofern hat sie viel freie Zeit, sodass sie sich vor Kurzem zu einem Kurs als Lebensberaterin angemeldet hat. Doch sie hat ihn abgebrochen. Als ich sie darauf ansprach, meinte sie: „Ich kann mir nicht vorstellen, dass jemand von mir beraten werden will. Ich habe ja selbst eine Scheidung hinter mir." Auf subtile Weise drückt das aus: *Ich bin nicht gut genug.*

Am liebsten würde ich meine Freundinnen packen und durchschütteln. Sie führen ein Leben in Hingabe an Gott, sie dienen ihm und können trotzdem nicht erkennen, wie ihre eigenen Schilderungen, denen sie Glauben schenken, falsch sind. Genauso erging es an jenem Tag auf dem Weg nach Houston andersherum mir, als sie mich aus demselben Grund durchschütteln wollten.

So schnell lassen wir uns in die Dunkelheit ziehen, unfähig, uns vor unseren eigenen Gedanken zu schützen, vor unserer Scham und unseren Schwächen. Wir versuchen zwar, unsere Ängste zu bekämpfen und unsere Selbstachtung zu bewahren, aber es funktioniert nicht, weil … nun ja, es einfach stimmt: Wir sind wirklich nicht gut genug.

Das wäre ein schrecklich deprimierender Gedanke, sofern ihm nicht sofort eine bis in die Ewigkeit befreiende Wahrheit folgen würde:

Gott weiß, dass wir nie gut genug sein werden. Deshalb ist er für uns eingesprungen. Jesus ist für uns da und er ist vollkommen.

Jetzt sollte bloß niemand mit den Augen rollen, weil er das schon seit dem Religionsunterricht in der sechsten Klasse gehört hat! Denn die bloße Erinnerung daran reicht nicht aus, um das eigene Leben zu verändern, sonst wäre das hier bereits die letzte Seite dieses Buchs. Unser grundlegendes Problem besteht vielmehr darin, dass wir zwar meinen, Bescheid zu wissen. Es gelingt uns aber nicht, auch so zu leben.

Vielleicht glaubst du bereits, dass Jesus gut genug ist, aber warum fühlst du dich dann nicht bei jeder Gelegenheit mehr zu ihm hingezogen? Warum findest du so viele Dinge auf der Welt interessanter als ihn? Warum erscheint dir die Zeit, die du mit ihm verbringst, oft als Pflichtübung, statt dass du es genießt, seinen Atem in deiner müden Seele zu spüren?

Die Erkenntnis, dass wir nicht genügen, Jesus aber schon, ist nicht nur an dem Tag, an dem Gott uns rettet, eine gute Nachricht. Wir müssen es uns nur immer wieder von Neuem selbst sagen und gegenseitig zeigen: dass wir erlöst sind von einem Leben des ständigen Sich-anstrengens.

„Erinnerst du dich daran, wann du zuletzt echte Nähe zu Jesus gespürt hast?"

Das hat mein Ehemann Zac mich kürzlich gefragt. Er wusste, wie verzweifelt ich versuchte, Jesus wiederzuentdecken und zu ihm zurückzukehren. Er sagte: „Jennie, warum gehst du nicht und holst deine alten Tagebücher aus der Collegezeit heraus?" Als ich mir ansah, was ich in diesen Jahren alles in runder, geschwungener Schrift niedergekritzelt hatte, tauchte plötzlich meine dicke, grün eingebundene Bibel-Studienausgabe vor meinem geistigen Auge auf, die aufgeschlagen in einem Wald aus Sonnenblumen lag (der Tagesdecke auf meinem Bett). Überall in meinem Zimmer waren Sonnenblumen. Und die Bibel hatte ihren Platz auf meinem Bett und war gründlich durchgearbeitet worden. Fast auf jeder Seite hatte ich Gott mein Herz ausgeschüttet.

In den Tagebüchern las ich, wie ich in dem Bus, der über das weitläufige Campusgelände fuhr, für jeden einzelnen Fahrgast gebetet hatte. Ständig sprach ich damals Gebete. Ich brauchte Gott. Ich liebte meine Gemeinde. Ich konnte die Sonntage kaum erwarten. Überall fanden sich Notizen über die Gottesdienste. Ich war so begierig, von Gott zu hören, ich sehnte mich nach seinem Wort und nach der Gemeinschaft mit anderen Gläubigen. Ich bejahte ihn von ganzem Herzen, ich brauchte ihn und er war für mich da.

Allerdings hatte in dem gleichen Jahr auch meine Essstörung von mir Besitz ergriffen, und als ich mit dem College fertig war, hätte sie mir fast den Garaus gemacht. Es war trotzdem eine intensive Zeit voller Freude, innerer Kämpfe und Gott, während ich versuchte, in dieser Welt meinen Platz zu finden.

Selbst über meine inneren Konflikte gab es handschriftlich festgehaltene Beschreibungen, z. B. nächtliche Gespräche über geistliche Themen mit Leuten, die sich normalerweise gar nicht mit so etwas beschäftigten. Unsere Diskussionen fanden ganz ungezwungen statt, es schien leicht und normal, darüber zu reden. Zweifellos gab es damals in den 90er-Jahren an der Universität von Arkansas so etwas wie eine kleine christliche Revolution.

Wenn man mich fragt, wie mein Leben in diesen Tagen aussah, würde ich antworten:

Ich habe viel gebetet.

Ich habe Gott Rechenschaft abgelegt.

Ich habe in der Bibel gelesen.

Ich war so dankbar für die Kirchengemeinde, trotz vieler Vorbehalte.

Immer wieder schrieb ich Erlebnisse mit Gott auf.

Ich hatte Freunde, die Jesus ebenso sehr brauchten wie ich.

Es gab Freude und Frieden, Freundlichkeit und Hoffnung, Spaß und Aufträge, aber auch Risikobereitschaft – einfach alles, was zu einem erfüllten Leben gehört.

Natürlich weiß ich, dass man sich das frühere Leben nicht wieder zurückholen kann, ich lebe mein Leben, so wie es jetzt ist. Aber ein Wunsch ist trotzdem da: Jesus soll mich wieder so erfüllen, dass er förmlich wieder aus mir herausströmt. Und deshalb habe ich im vergangenen Jahr das Leben Jesu, wie es im Johannesevangelium beschrieben steht, noch einmal gründlich studiert:

Wie hat Jesus die größte Aufgabe aller Zeiten gelöst, ohne sich dabei zu überanstrengen?

Was hat er über die Ewigkeit gesagt, über seinen Vater und das irdische Leben?

Wie hat er sein Leid ertragen können?

Wie konnte er mit diesem unglaublichen, enormen Druck leben, der auf ihm gelastet haben muss?

Jesus war sich seiner Identität sehr bewusst. Er hat geordnet gelebt, zufrieden, in Abhängigkeit, ohne etwas beweisen zu müssen und mit dem klaren Ziel, jedem, dem er begegnete, die Liebe seines Vaters zu zeigen.

Vielleicht klingt das für dich jetzt sehr einfach, nach dem Motto: *Klar, Jesus wusste, dass er gut genug war und niemandem etwas beweisen musste – er war schließlich Gott!*

Das stimmt. Er ist tatsächlich der einzige Erdenbewohner, der sich selbst vollkommen genügt hat. Gleichzeitig war er aber auch ein Mensch, und Jesus hat beispielhaft gezeigt, wie man ein gottgefälliges Leben lebt. In der Bibel heißt es: „*Wer von sich sagt, dass er zu ihm gehört, der soll auch so leben, wie Jesus gelebt hat.*“[11] Anders ausgedrückt, sollen wir in diesem Leben versuchen, selbst immer mehr wie Jesus zu werden. Wir sollen versuchen, so zu leben, wie er gelebt hat.

Wir sollten uns also nicht nur ansehen, was er gesagt hat, sondern auch wie er gelebt hat, welche Entscheidungen er getroffen und welche Risiken er auf sich genommen hat, wen er mochte und welche Prioritäten er setzte, was ihn mit Leidenschaft erfüllte und was ihn frustrierte.

Während der Zeit, die Jesus auf der Erde zubrachte, demonstrierte er auf schockierende Art und Weise, wie Gott ist. Immer noch staunen wir darüber, wie er gelebt hat, was ihm wichtig war, wie er liebte. Denn er hat die Gesellschaft seiner Zeit herausgefordert und gezeigt, wie oft wir Menschen Gott und seine Erwartungen an uns immer noch falsch einschätzen.

Im Kolosserbrief 1,15 heißt es, Jesus sei „*das Ebenbild des unsichtbaren Gottes. Als sein Sohn steht er über der ganzen Schöpfung und war selbst schon längst vor ihr da*". Das heißt, Jesus war ganz Mensch und ganz Gott und er hat mit dem Herzen und dem Verstand in dem Körper und mit den Gefühlen eines Menschen gelebt.

Er war sowohl mit seinem Vater verbunden als auch mit den Menschen um ihn herum.

Er hat Schmerz und Freude empfunden.

Er hat die Bedürftigen um sich wahrgenommen und ist ihnen auf seine Art begegnet.

Er hat sein Leben gelebt und seinen Platz in der Geschichte seines Vaters eingenommen.

Er vertraute vollkommen der Vorhersehung seines Vaters, die er erfüllen wollte.

Insofern möchte dir dieses Buch dabei helfen, Jesus zu finden und zu begreifen, dass du nichts zu beweisen brauchst. Denn wir leben nur dank seiner Fülle, die wir an alle verteilen dürfen, die ihn brauchen.

Was also zählt, ist, dass wir Gott immer besser begreifen und uns mit ihm verbinden.

Nichts ist gefährlicher, fesselnder, befreiender, radikaler, realer, befriedigender, gibt mehr Kraft, als ein Mensch im Glauben. Wer an Jesus glaubt und an das, was er tun will, um uns aufzuwecken, rüttelt unser Leben durcheinander, verändert jegliche Perspektive, verbreitet Hoffnung trotz Schmerzen, stiftet Sinn.

Zuerst sehen wir uns also dazu Jesus im Johannesevangelium an. Und Johannes versucht dort einen historischen Moment zu beschreiben, auf dem alles aufbaut, und der selbst aus der Ewigkeit geschaffen ist:

„Im Anfang war das Wort, und das Wort war bei Gott, und Gott war das Wort. Dasselbe war im Anfang bei Gott. Alle Dinge sind durch dasselbe gemacht, und ohne dasselbe ist nichts gemacht, was gemacht ist. In ihm war das Leben, und das Leben war das Licht der Menschen. Und das Licht scheint in der Finsternis, und die Finsternis hat's nicht ergriffen …

Das war das wahre Licht, das alle Menschen erleuchtet, die in diese Welt kommen. Es war in der Welt, und die Welt ist durch dasselbe gemacht; und die Welt erkannte es nicht. Er kam in sein Eigentum; und die Seinen nahmen ihn nicht auf. Wie viele ihn aber aufnahmen, denen gab er Macht, Gottes Kinder zu werden: denen, die an seinen Namen glauben, die nicht aus menschlichem Geblüt noch aus dem Willen des Fleisches noch aus dem Willen eines Mannes, sondern aus Gott geboren sind. Und das Wort ward Fleisch und wohnte unter uns, und wir sahen seine Herrlichkeit, eine Herrlichkeit als des eingeborenen Sohnes vom Vater, voller Gnade und Wahrheit" (LU).[12]

Das Wort ward Fleisch …

und wohnte unter uns …

Gott ist mit uns = Jesus.

Vielen ist diese Bibelpassage bekannt, aber man muss sich klarmachen: Wer das zum ersten Mal hört – dass der Schöpfer des Universums als menschliches Baby geboren wurde –, für den klingt das absolut umwerfend, geradezu verrückt. Gott wurde ein Mensch aus Fleisch und Blut.

Er wurde ein Mensch und *lebte* hier auf Erden, so wie wir.

Auch hier bleibt einem vor Staunen der Mund offen stehen. Er *wohnte*, im griechischen Original heißt es „er schlug ein Zelt auf".

Ich bezweifele, dass es irgendwo eine treffendere Aussage über Jesus Christus gibt. Er hat hier bei uns sein Zelt aufgeschlagen. Er ist vom Himmel heruntergekommen, hat sein Lager errichtet und gesagt: *Hey! Ich mache jetzt ein Feuer an und freue mich, wenn ihr vorbeikommt und euch zu mir setzt. Dann könnt ihr Gott besser kennenlernen, denn das bin ich. Ihr erfahrt etwas über mich und ich über euch. Ich bin extra vom Himmel gekommen, um hier bei euch zu sein.*

Wen das kaltlässt, der muss schon extrem gefühlsarm sein.

Jeder, der Jesus ansieht, erkennt Gott. – So war er, so hat er gelebt, das hat er getan, das wünscht er sich von uns. Oder vielmehr, das wünscht er sich für uns.

Alles wegen ihm

Im vergangenen Jahr haben mir meine Zeiten mit Jesus einen neuen Weg gezeigt, wie ich ihn besser kennenlerne und in seiner Stärke und Gnade lebe, indem ich zulasse, dass sein Geist durch mich wirkt. Und ich muss dabei nicht die treibende Kraft sein.

Das ist neu für mich, hat aber gleichzeitig ganz altbekannte Bezüge. **Wir kehren zurück zu der ganz schlichten, normalen Gnade, wie wir sie schon immer durch Jesus erfahren haben**.

Überall im Leben Jesu ist die Rede davon, auch wenn mir das früher nie so aufgefallen ist:

Er sagt, *Ich bin das Brot des Lebens.*

Er ist das Brot des Lebens. Wir sind es nicht.

Er sagt, *Ich bin das Licht der Welt.*

Er ist das Licht. Wir sind es nicht.

Er sagt, *Ich bin die Tür.*

Er ist die Tür. Wir sind es nicht.

Er sagt, *Ich bin der Weg und die Wahrheit.*

Wir sind es hingegen nicht.

Er ist vollkommen. Wir sind es nicht.

Ich bin so durstig gewesen, weil ich geglaubt habe, ich wüsste, wo ich Wasser finde. Ich habe geglaubt, es sei auf der anderen Seite der schwarzen Linie meiner eigenen Erwartungen, die ich mir gesetzt habe und die ich irgendwann erreichen wollte. Ich habe alle Kräfte aufgeboten und war irgendwann so müde. Ich habe tatsächlich versucht, selbst Brot und Licht und Leben zu sein, Vollkommenheit zu erreichen, doch es ist mir nicht gelungen.

Aber meine Enttäuschung darüber war in Wirklichkeit die größte Gnade, die Gott mir je erwiesen hat. Schließlich trinken wir nur, wenn wir unseren Durst auch spüren. Und diesen Durst zu spüren, ist eines der größten Geschenke Gottes. Denn sobald wir erkennen, dass wir ihn brauchen, sind wir auch schon kurz davor, ihn zu finden.

Er hat das Durstgefühl extra in unseren Körper eingebaut und in unsere Seelen die Sehnsucht nach dem lebendigen, geistlichen Wasser: „*Wen da dürstet, der komme zu mir und trinke! Wer an mich glaubt, von dessen Leib werden, wie die Schrift sagt, Ströme lebendigen Wassers fließen.*“[13] Das griechische Original deutet hier an, dass diese Ströme „aus unserem Innersten“ oder „aus unserem Bauch“ oder den Tiefen unseres Seins fließen werden. Zu allen, die diesen Durst verspüren, sagt Jesus: *Kommt zu mir und ich werde euren Durst stillen. Wenn ihr bei mir seid, wird aus eurem tiefsten Inneren die Liebe im Übermaß wieder hervorströmen und anderen guttun.*

Jedes der nachfolgenden Kapitel beginne ich nun mit einer Szene aus dem Johannesevangelium. Dort wird berichtet, wie Jesus immer wieder auf Menschen zugegangen ist, die geglaubt haben, dass sie nicht gut genug sind. Er hat sie bestätigt und auf seine eigene Vollkommenheit hingewiesen. Ich bin davon überzeugt, dass unsere Sichtweise sich ändert, wenn wir immer wieder erleben, dass Jesus unsere Fehler und Schwächen nur zu gut kennt. Denn: **Seine Vollkommenheit macht unsere Fehler wett**. Es wäre arrogant, mit ihm konkurrieren zu wollen. Er verkörpert all das, was wir nicht sein können. Und er hat uns in Johannes 7 versprochen: *Wen da dürstet, der komme zu mir und trinke! Wer an mich glaubt, aus dessen Leib werden, wie die Schrift sagt, Ströme lebendigen Wassers fließen.* Das Einzige, was wir wirklich im Übermaß brauchen, ist daher Jesus, denn weil Jesus vollkommen ist,

- erleben wir die wahre Erfüllung.
- dürfen wir mit ihm und anderen verbunden leben.
- können wir Ruhe finden.
- können wir für ihn Risiken eingehen.
- können wir hoffnungsvoll sein und brauchen keine Angst zu haben.
- empfangen wir seine Gnade.
- dürfen wir unserer wahren Berufung nachgehen.

Du darfst dich frei entscheiden, in diesen überbordenden Strömen seiner Vollkommenheit zu leben. Wirst du dich für ihn entscheiden, anstatt dich dein ganzes Leben lang hinterherzerren zu lassen, anstatt dein Leben zu verpassen, unfähig, auch nur einen tiefen Atemzug zu tun?

Wir können uns nicht selbst retten. Aber in dieser Geschichte gibt es einen Helden, auf den diese Rolle perfekt zugeschnitten ist. Vielleicht können wir es ja zulassen, dass er uns rettet?

* * *

Wenn ihr einen ganz einfachen, plausiblen Grund hören wollt, warum ihr euch nicht selbst beweisen müsst, er lautet: Jesus.

Jesus ist für uns am Kreuz gestorben, er hat sich geopfert und uns für immer reingewaschen. Unsere Rechnung mit Gott ist bis in alle Ewigkeit beglichen.

Jesus hat uns auch für die Gegenwart erlöst, denn er verspricht, das, was wir gut machen, und das, was wir schlecht machen, zu seiner Ehre und zu unserem Besten zu wenden. Die Tatsache, dass jemand gegen seine Fehler ankämpfen muss, bedeutet insofern keineswegs, dass er kein guter Christ ist; Christus bewirkt, dass uns das nicht gleichgültig ist. Er ist in uns und bei uns, hilft uns im Kampf gegen das Böse und erlöst uns. Durch diesen Prozess werden wir nicht arrogant, wir dürfen uns auf unsere Erfolge nichts einbilden. Ebenso wenig aber müssen wir klein beigeben, wenn wir scheitern. Jesus ist derjenige, der uns tagein, tagaus aufrecht stehen lässt.

Jesus wird uns auch bis in alle Zukunft erlösen. Dann brauchen wir aber hier nichts mehr zu beweisen, denn dann wohnen wir nicht mehr auf dieser Erde. Dort, wo wir in Zukunft leben, brauchen wir nicht mehr wetteifern; wir werden einfach all unsere Gaben und unsere Arbeit und Freude zu Jesu Füßen niederlegen. Es gibt nichts, womit wir angeben müssten.

Niemand braucht irgendetwas zu beweisen, denn uns allen wird vergeben, wir werden geliebt und bei Jesus findest du ein Zuhause.

* * *

In diesem Jahr ist unser ältester Sohn erwachsen geworden. Conner spielt Football, und er wurde überraschend gefragt, ob er als

Quarterback bei einem der wichtigsten Spiele einspringen könnte. Er sollte einen älteren Spieler ersetzen, der sich verletzt hatte. Selbst für einen Jungen, der vor nicht allzu langer Zeit noch davon geträumt hatte, beruflich als Spiderman zu arbeiten, löste das einen immensen Druck aus.

Am Morgen vor dem Spiel setzte ich ihn mit dem Auto ab. Die älteren Spieler der Mannschaft hatten sich zum gemeinsamen Frühstück verabredet. Er öffnete die Tür und zögerte einen Moment. Dann drehte er sich um. „Mama, so einen Schiss habe ich noch nie gehabt." Dann – rums – ließ er die Tür hinter sich zufallen und ging stoisch hinein, um mit den anderen Jungs, die fast schon Männer waren, zu frühstücken.

Ich setzte mich hinters Steuer, konnte aber nicht wegfahren. Noch auf dem Parkplatz vergoss ich ein paar Tränen (denn auch wenn Football spielende Zehntklässler das beim Frühstück auf keinen Fall dürfen, tun ihre Mamas es draußen im Auto!). Ich schrieb ihm einen langen Text, in dem all das stand, was ich ihm hatte sagen wollen, bevor die Tür zufiel. Und da wir gerade bei Jesu Vollkommenheit sind, erlaube ich mir, dir meinen Text zugänglich zu machen:

Mein Sohn, Gott scheint unsere Fähigkeiten, Ressourcen und Möglichkeiten immer wieder zu hoch einzuschätzen. Wir können nicht erkennen, warum er das tut; wir sehen nur sein Wirken in unserem Leben.

„Fürchte dich nicht, denn ich stehe dir bei; hab keine Angst, denn ich bin dein Gott! Ich mache dich stark, ich helfe dir, mit meiner siegreichen Hand beschütze ich dich!"[14]

Conner, fast alles, was du in deinem bisherigen Leben getan hast, lag im Bereich deiner Möglichkeiten. Vielleicht ist es das, was mich in diesem Moment so nervös macht: du sollst nun etwas tun, was deinem Alter, deiner Erfahrung und aktuellen Leistungsstand noch nicht entspricht.

Ich konnte in diesen Augenblicken immer ganz besonders auf Gott bauen. Wenn du ihm vertraust und das, wovor du Angst hast, einfach mit vollem Einsatz annimmst, wirst du sehen: Gott gibt dir Kraft, er hilft dir und trägt dich, auch wenn du hinterher gar nicht weißt, wie es passiert ist. Ich bete für dich: dass du spürst, wie sehr Gott dich liebt, wie gern er dir hilft, wie stark du bist, wenn du ihm in den Dingen vertraust, die deine eigenen Kräfte übersteigen.

Ich liebe dich und bin unglaublich stolz darauf, dass du in dieser Woche deinen Trainern und der Mannschaft zugesagt hast. Du strengst dich an und stellst dich zur Verfügung, obwohl du dich schwach fühlst und Angst hast.

„Aber er hat zu mir gesagt: ‚Meine Gnade ist alles, was du brauchst! Denn gerade wenn du schwach bist, wirkt meine Kraft ganz besonders an dir.' Darum will ich vor allem auf meine Schwachheit stolz sein. Dann nämlich erweist sich die Kraft von Christus an mir."[15]

Ich erinnere mich, dass du mal gefragt hast, was Demut ist. Ich kann dir sagen: Diese Woche bist du demütig gewesen.

Du hast den Kopf geneigt.

Hast hart gearbeitet.

Hast Angst gehabt.

Und trotzdem weitergemacht.

Hast mehr an deine Mannschaft gedacht als an dich.

Du brauchtest Gott.

Du weißt, dass Gott die Hand im Spiel hat, wenn es gut läuft.

Du weißt, dass es okay ist, wenn du eine Niederlage erleidest, denn Gott ist bei dir.

Er ist bei dir, Conner. Heute den ganzen Tag, und auch nachts. Und wir sind auch noch da.

Auch du als Leserin, die du vielleicht Angst hast, Niederlagen erleidest, überwältigt wirst, dich unzureichend oder überfordert fühlst: Gott wird auch für dich groß werden und dich lieben. Du wirst es schon sehen.

TEIL 2

GOTTES STRÖME DES LEBENDIGEN WASSERS ENTDECKEN

5.
Nicht länger durstig

Wie Gott deinen Sehnsüchten begegnet

nach Johannes 2

Ich konnte hören, wie die Männer miteinander flüsterten. Mein Schwiegervater war offensichtlich verstimmt. – Was war da bloß los? Schon seit einigen Tagen feierten wir unser Hochzeitsfest und die Party war noch in vollem Gang. Obwohl ich es kaum abwarten konnte, endlich unser Haus einzurichten und eine Familie zu gründen, genoss ich jeden Augenblick mit unseren Freunden und Familien. Wir tanzten und aßen und freuten uns über alles, was Jahwe für uns getan hatte.

Da winkten mein Schwiegervater und noch einige andere Männer ihre Frauen aus der Menge heraus und fingen an, mit ihnen zu tuscheln, wobei sie immer wieder zu mir herübersahen. Eine lähmende Angst erfasste mich und ich lief zu meiner Mutter. Sie weinte. Als ich vor ihr stand, nahm sie meine Hand und sagte verzweifelt: „Unsere Vorräte gehen zur Neige. Wir haben bald keinen Wein mehr."

Monatelang hatten wir für diese größte Festwoche unseres Lebens Vorbereitungen getroffen. Wir wussten sehr wohl, dass unser Budget knapp bemessen war, um diese vielen Menschen zu versorgen, die für die Feier angereist waren. Unsere Familien waren weithin bekannt und angesehen. Wir hatten so viel eingekauft, wie wir uns irgend leisten konnten, und gemeinsam über dem Essen und dem Wein gebetet, wobei wir Gott inständig baten: „Bitte, mach, dass es ausreicht."

Wir hatten so gedrängt, endlich heiraten zu dürfen, und nun würde unsere Familie deswegen in Verruf geraten. Ich bekam einen Kloß im Hals. All die Freunde, die zur Feier gekommen waren, würden schlecht über uns reden und vielleicht nichts mehr mit uns zu tun haben wollen.

Eine Woge von Scham und Schuldgefühlen überrollte mich.

Ich flüchtete in eine ruhige Ecke, kniete mich auf den staubigen Boden und flehte Gott an: „Bitte, erspare uns das."

Noch während ich dort kauerte, hörte ich Rufe, unter anderem die Worte: „... der allerbeste Wein."

Tage später, nachdem die Gäste abgereist waren und wir die Reste des Festgelages aufräumten, standen immer noch die riesigen Tonkrüge in unserem Hof, die eigentlich für die Reinigungszeremonien vorgesehen waren. Sie waren gefüllt mit dem hervorragendsten Wein, den man sich nur vorstellen kann.

Ich bemerkte, dass meinem Schwiegervater diese Krüge nicht geheuer waren. Er war offensichtlich noch irritierter als ich und rief nach den Dienern.

Schnell eilten zwei von ihnen um die Ecke und er befragte sie ausführlich. „Könnt ihr mir sagen, was hier vor sich gegangen ist?"

Sie tauschten einen Blick, schwiegen aber beide. Schließlich räusperte sich der eine und meinte: „Mein Herr, ich weiß es auch nicht. Als der Wein zur Neige ging, gerieten alle in Panik. Kurz nachdem ich bei Ihnen war, rief mich eine Frau namens Maria. Ihr Sohn Jesus hat gesagt, wir sollen die Krüge mit Wasser auffüllen, und das habe ich getan."

Was redete der Mann da? Wir hatten alle mitgekriegt, dass Jesus und Maria bei der Beschaffung des Weins beteiligt gewesen waren. Ich mischte mich ungeduldig ein.

„Aber woher kommt denn nun der Wein?"

„Alles, was ich weiß, ist, dass ich Wasser in die Krüge gefüllt habe, und als ich anschließend daraus schöpfte, war dunkelroter Wein darin. Den habe ich dann dem Hausherrn gebracht."

Wir senkten unsere Augen auf den staubigen Boden.

Unser Freund hatte uns also geholfen. Alles war gut gegangen. Wir hatten allen Grund, dankbar zu sein.

Aber wie konnte Jesus Wasser in Wein verwandeln? Das war doch nicht möglich.

Als Kind war ich oft in den Weinbergen, die dicht an unser Haus grenzten, um dort für mich allein zu sein und nachzudenken. Hin und wieder habe ich mir ein paar Trauben gepflückt. Die Arbeiter hatten schwitzend die trockenen Äste abgeschnitten, um den Pflanzen ein möglichst ungestörtes Wachstum zu ermöglichen. Ein ganzes Jahr dauerte es, bis man die Trauben vorsichtig ernten konnte. Dann wurden sie gereinigt, gepresst und ihr Saft in Gefäße gefüllt, in denen sie oft jahrelang lagerten, damit der beste Wein daraus wurde. Ich kannte keine härtere Arbeit, nichts, was so viel Geduld erforderte. Winzer zu sein bedeutete, einer anstrengenden Arbeit nachzugehen, die viel Entschlossenheit und Ausdauer verlangte. – Mir was das von Kindesbeinen an bewusst.

Trotzdem hatte sich auf Jesu Geheiß das Wasser einfach in Wein verwandelt. Wie hatte er das bloß angestellt? Wer war er, dass sein Wort in einem Augenblick bewirkte, was sonst Dutzende von Männern jahrelange Arbeit kostete?

Schließlich ergriff mein Schwiegervater das Wort und bat den Diener: „Bring mir noch etwas von diesem Wein."

Wir lachten, aber mir ließ das alles keine Ruhe. Jesus. Ich hoffte, dass er uns bald wieder besuchen würde, damit ich mich bei ihm bedanken konnte. Doch mehr noch wollte ich herausfinden, wer dieser Mann nun eigentlich war.

Von der Kunst, ein erfülltes Leben zu führen

In der untergehenden Sonne schritt Cassie auf den Mann im Hochzeitsanzug zu, dessen Frau sie in wenigen Augenblicken werden würde. Zac und ich kannten Cassie, seit sie ein Schulmädchen war. Sie gehörte fast schon zur Familie, unsere Kinder bewunderten sie. Wir hatten miterlebt, wie aus einem schüchternen, süßen Mädchen eine erwachsene, gläubige Persönlichkeit wurde, die gern Verantwortung übernahm. So hatte sie schließlich ihren Geoff kennen- und lieben gelernt. Meine jüngste Tochter Caroline lief als Blumenmädchen vor ihr her. Zac stand hinter Geoff und hielt voll freudiger Anteilnahme die Trauung. Und Kate, meine älteste Tochter, saß neben mir und sah sich diese Traumhochzeit an. Und Gott schien auf uns niederzulächeln, denn seine beiden Lieblinge hatten ein perfektes Hochzeitswetter.

Als wir später im Auto saßen, meinte unsere zwölfjährige Kate: „Mama, ich will auch mal so heiraten wie Cassie. Ihr Kleid war so schön!" Und schon erinnerte ich mich daran, wie ich selbst mit zwölf Jahren neben meinem Vater auf dem Sofa gesessen hatte, wo wir gemeinsam unseren Träumen und Hoffnungen nachhingen und vorgaben, die Zukunft planen zu können.

Natürlich war mir bewusst, dass dieses Gespräch nun auch Kates Hoffnungen und Lebensträume maßgeblich beeinflussen könnte. Sie würde auch unsere Erwartungen an sie herauszulesen versuchen.

An meinem Arbeitsplatz gibt es etliche Frauen, die noch Single sind und eines Tages heiraten wollen. Nur können sie sich diesen Wunsch ja nicht selbst erfüllen. **Viele Dinge, von denen unser Glück abzuhängen scheint, liegen einfach außerhalb unserer Reichweite.** Und so wollte ich Kate gern vermitteln, dass ein erfülltes Leben durchaus auch ohne einen Mann und eine Traumhochzeit möglich ist.

Nachdem wir uns während der Hochzeit so schwärmerisch unseren Träumen hingegeben hatten, sah ich ihr jetzt, als wir an einer roten Ampel warteten, fest in die Augen und sagte: „Kate, ich wünsche mir sehr, dass du einmal einen Mann heiratest, der Jesus liebt und dir hilft, ihn immer mehr zu lieben. Aber wenn du diesen Mann nicht triffst und unverheiratet bleibst, dann bist du genauso eine tolle Christin, Frau, Tochter, Freundin und zu einhundert Prozent ein vollständiger Mensch. Gott hat große Pläne für dich und vielleicht gehören ein Ehemann und Kinder dazu. Aber auch wenn das nicht der Fall ist, kannst du auf großartige Weise an Gottes Geschichte mitwirken."

Kate lächelte. Als die Ampel grün wurde, wartete ich gespannt, was sie nun sagen würde. Sah sie das anders? Glaubte sie, dass nur eine eigene Familie sie glücklich machen konnte? Hatte sie die Absicht, auf einen Traumprinzen zu warten und ihn zu heiraten?

Was sie dann sagte, rührte mich: „Mama, das weiß ich doch. So oder so, in meinen Träumen ist beides möglich."

Ihr tiefes Vertrauen und die Gewissheit, dass Gott für sie schon sorgen würde, mit oder ohne Partner, ließen mir Tränen in die Augen steigen. Und seitdem bete ich dafür, dass sie diese Grundüberzeugung nie verliert. Jesus kennt ihren Wert, egal was kommen mag.

Durstig nach Befriedigung

In unserer Gesellschaft gilt es immer noch als das Ideal zu heiraten und Kinder zu bekommen, erst recht bei Christen verhält sich das so. Und um als erwachsener Gläubiger ernst genommen zu werden und unter Beweis zu stellen, dass man sich ernsthaft für Jesu Nachfolge engagiert, sollte man außerdem einen respektablen Job vorweisen können, der richtigen politischen Partei angehören, einen angemessenen Freundeskreis haben und ein kleines Vermögen ansparen. Als einzige Alternative gilt die totale Entsagung all dieser Statussymbole, sofern man sich stattdessen für den missionarischen Dienst in einem Dritte-Welt-Land entscheidet.

Möge Gott uns verzeihen, dass wir meinen, selbst darüber entscheiden zu können, wie die Nachfolge Jesu auszusehen hat. Es ist natürlich Humbug, die Erfüllung in unserem Leben hier auf Erden zu suchen, statt auf das zu hoffen, was uns im Himmel erwartet.

Doch unsere Selbstbezogenheit ist nun mal unglaublich krank. Wir schenken ernsthaft der Lüge Glauben, durch übermäßigen Konsum ein immer erfüllteres Leben haben zu können. Doch dabei wächst nur unser innerer Durst in dem Maße, in dem wir materiellen Reichtum anhäufen.

Jeder wünscht sich das perfekte Rezept für ein erfülltes, ereignisreiches Leben. Die Sehnsucht, all unsere Bedürfnisse und Wünsche befriedigen zu können, steckt tief in uns. Dabei übersehen wir allerdings allzu gern, dass die aufregendsten, erfüllendsten Erfahrungen von einem gottgefälligen Leben zu erwarten sind.

Jesus nachzufolgen, bedeutet nicht, …

- dass im Schnitt 2,5 gesunde Kinder zur Welt gebracht werden müssen.
- dass unser Glück von unserem monatlichen Gehalt abhängt.
- dass wir unseren Traumjob ergattern werden.
- dass ein Traumpartner auf uns wartet.

Es bedeutet aber sehr wohl, sogar verbunden mit einer Verheißung, dass wir in unserem Leben Erfüllung finden werden. Denn diese hat Jesus uns zugesagt. Nur bezieht sie sich nicht auf die Dinge, die in der Welt so sehr geschätzt werden.

Wir sehnen uns nach der Schönheit, Freude und Freiheit, die das Leben uns bieten kann – wir wollen diese Dinge aber empfangen, nicht konsumieren. Wie gelingt uns das? Immer wieder laufen wir Träumen nach, die uns wie eine Fata Morgana in der Wüste vor Augen stehen, Trugbildern und Illusionen von irgendwelchen Getränken, die unseren elementaren Durst nie wirklich stillen.

Als ich einmal das Wort *Freude* nachschlug, war ich überrascht von all seinen Synonymen: *Staunen, Genuss, Hochgefühl, Befriedigung, Spaß, Glücklichsein*. Es tut mir leid, das sagen zu müssen, aber all das passt doch relativ selten auf unsere aktuelle Gefühlslage. Ich fürchte, für die meisten von uns fühlt es sich irgendwie falsch an, glücklich zu sein.

Vielleicht ist unser Bewusstsein zu sehr geprägt von dem Leid, das manche unserer Freunde erfahren oder das wir irgendwo in unserer Gesellschaft oder der Welt sehen. Vielleicht tragen wir auch zu schwer an den Dingen, die unsere Arbeit und unser Leben uns abverlangen. Wer einfach nur Spaß hat, so meinen wir, geringschätzt die Verantwortung, die gottesfürchtige Menschen zu tragen haben.

Mein Wunsch, Gott zu gefallen und zu gehorchen, hat bei mir persönlich bewirkt, dass ich mir jahrelang alles versagt habe, was mit Freude, Staunen, Genuss, Hochgefühl, Befriedigung, Spaß und Glücklichsein zu tun hat. Meine Seele hat darunter sehr gelitten, denn mein Leben wurde immer hektischer und vollgestopfter. Gott spielte zwar eine große Rolle, aber wirklich nah war ich ihm nicht. Alles fühlte sich irgendwie schwer an und ich hatte das Gefühl, die schönsten Augenblicke in meinem Leben zu verpassen und gerade die Menschen zu vernachlässigen, die mir am wichtigsten waren. Wahre Erfüllung zu finden, bedeutet aber, gute wie schlechte Erfahrungen zuzulassen, doch ich stellte verbittert fest, dass mir alles aus den Händen zu gleiten schien.

Gott ist nicht nur der Schöpfer des Staunens, der Freude, Befriedigung, des Spaßes, er ist bei all diesen Gefühlen beteiligt und gegenwärtig. Und irgendwie war ich seit meiner Bekehrung wie ein Pendel von der Einstellung „Ich lebe, um glücklich zu sein" zu „Ich lebe, um für Jesus zu leiden" geschwungen. Anfangs explodierten Staunen und Freude in mir, wenn Zac und ich das Gebet sprachen, mit dem wir uns kompromisslos zu Jesus bekannt hatten und wir waren inspiriert, neue Dinge auszuprobieren. Aber irgendwie wurde das, was sich zunächst wunderbar angefühlt hatte, mit der Zeit sehr anstrengend und wir lebten irgendwann wie gehorsame Lastenträger.

Wir stellen uns daher folgende Frage:

Will Gott eigentlich, dass wir ein erfülltes und glückliches Leben führen?

Jesus selbst lebte in einer ruhigen, friedfertigen Freude, die von einer tiefen Erfüllung herrührte. Das übertrug sich auf die Menschen in seiner Nähe. Zudem blickte Jesus voller Erwartung auf das Leben im Himmel.

Aber obwohl er den Himmel fest im Blick hatte, befand Jesus sich voll im diesseitigen Leben und suchte stets nach Gelegenheiten, dass die Menschen in seinem Umfeld Gott besser kennenlernten. Er verwandelte Wasser in Wein, während die Gäste ein Hochzeitsfest feierten, er traf sich mit Fremden und Freunden zu unvergesslichen, ausgedehnten Mahlzeiten und feierte sein Dasein im Hier und Jetzt. Jesus war beteiligt an Ereignissen, die diejenigen, die ihn liebten, nie vergaßen. Und er genoss das Zusammensein mit diesen Menschen, er liebte einfach sein Dasein hier auf Erden.

Als ich mich mit Jesu Leben beschäftigte, begann ich, mit weit offenem Herzen eine Antwort auf meine Frage zu suchen: *Jesus, warum bin ich nur so unzufrieden*?

Lasst uns erst mal ein Fest feiern!

Das Johannesevangelium beschreibt das erste Wunder Jesu, das er auf einer Hochzeit vollbracht hat. Ist das nicht unglaublich cool? Ich stelle mir vor, wie Gott einst Pläne für Jesu Zeit auf Erden schmiedete und der dreieinige Gott entschied: *Wisst ihr was?! Das erste Wunder, das er vollbringt, soll die Verwandlung von Wasser zu Wein sein, und zwar auf einer Hochzeit.* Was ich damit sagen will: Natürlich geht es in der Geschichte nicht nur darum, dass Gott gern gute Partys feiert. Das würde die Aussage des Textes sehr vereinfachen bzw. verfälschen. Doch was hat es auf sich mit diesem Wunder? Warum fing Jesus bei dieser Hochzeit sein Wirken an?

Immer wieder erschien Jesus in ganz alltäglichen Begebenheiten und hat dann etwas Großartiges daraus entstehen lassen. Nie hat er sich auf Worte beschränkt, sondern meist die hoffnungsvolle Botschaft für uns in unerwartete Taten und Bilder gepackt. In diesem Fall war er selbst zu Gast bei einer Hochzeit und hat dem Ereignis eine unglaubliche Extravaganz verliehen. Wasser verwandelt sich in einen sagenhaft guten, endlos fließenden Wein. Dieses Wunder sollte nicht bloß ein Party-Event sein, sondern eine ganz wichtige Botschaft vermitteln.

Wein wird in der Bibel oft metaphorisch verwendet. Und tatsächlich kommt dieses bedeutungsvolle Bild auch im Rahmen des wichtigsten Ereignis der Menschheitsgeschichte vor, denn kurz vor seinem Ableben versammelte Jesus seine Jüngern zum letzten Abendmahl, schenkte Wein aus und sagte: „*Dieser Kelch ist der neue Bund in meinem Blut, das für euch vergossen wird; das tut, sooft ihr daraus trinkt, zu meinem Gedächtnis. Denn sooft ihr von diesem Brot esst und von dem Kelch trinkt, verkündigt ihr den Tod des Herrn, bis er kommt.*“ / „*Dieser Kelch ist der neue Bund zwischen Gott und euch, der durch mein Blut besiegelt wird. Sooft ihr aus diesem Kelch trinkt, denkt an mich und an das, was ich für euch getan habe!*“[16]

Worum ging's in diesem neuen Bund?

Und es ist geradezu unglaublich: Wein wird zu einem Symbol für die großartigste Botschaft, die die Welt je gehört hat.

„Aber dann werde ich mit dem Volk Israel einen neuen Bund schließen. Und der wird ganz anders aussehen: Ich schreibe mein Gesetz in ihr Herz, es soll ihr ganzes Denken und Handeln bestimmen. Ich werde ihr Gott sein, und sie werden mein Volk sein. Niemand muss dann den anderen noch belehren, keiner braucht seinem Bruder mehr zu sagen: ‚Erkenne doch den Herrn!‘ Denn alle – vom Kleinsten bis zum Größten – werden erkennen, wer ich bin. Ich vergebe ihnen ihre Schuld und denke nicht mehr an ihre Sünden. Gott selbst hat hier von einem neuen Bund gesprochen. Das bedeutet, dass der erste Bund nicht mehr gilt. Was aber alt und überholt ist, wird bald nicht mehr bestehen.“[17]

Der Tod Jesu Christi, an den der Wein uns erinnert, gibt uns Gewissheit, dass wir unserem Gott nah sein können, eine Beziehung mit ihm haben, ihn kennenlernen und Anteil an seiner Gnade haben dürfen. Für alle Zeiten bedeutet daher Wein:

Wir sind frei von Sünde.

Wir brauchen keinerlei Erwartungen zu erfüllen.

Wir müssen nicht beweisen, dass wir gut genug sind.

Das ist der Anfang dessen, wofür wir eigentlich geschaffen wurden:

Wir dürfen die wunderbare Nähe zu Gott genießen.

Über Generationen haben Menschen versucht, ihr Leben frei von Fehlern und Sünden zu halten. Dass Jesus auf der Hochzeit von Kana die Diener anwies, ausgerechnet die großen Krüge mit Wasser zu füllen, die normalerweise für die Reinigungszeremonie vorgesehen waren, steht symbolisch für sein ganzes Leben, seinen Tod und die Auferstehung: Er wollte die unzureichenden religiösen Rituale durch das Versprechen der nie versiegenden Gottesnähe ersetzen. Der alte, billige, abgestandene Wein, bestimmte Erwartungen zu erfüllen, hat ausgedient. Es geht nicht darum, irgendwelchen Ansprüchen genügen zu müssen. Unsere tiefe innere Sehnsucht wird mit der Antwort befriedigt, die der neue Wein gibt – er ist unerschöpflich.

Die Nähe von Jesus reicht aus, um unseren Alltag mit Freude zu erfüllen. Aber warum leben wir diesen Glauben nicht? Anstatt uns so dicht wie möglich an ihn zu halten, rennen wir Trugbildern hinterher und wundern uns dann über unsere innere Leere. Jesus hat uns nicht nur Wein spendiert; es war der allerbeste Wein, den man sich vorstellen kann. Ich denke oft, dass wir zwar Jesus für unsere Erlösung brauchen, den täglichen Kontakt mit ihm aber vernachlässigen. Doch Jesus bietet uns den reichen

Segen seiner Nähe an. Und wir? Gehen an ihm vorbei und greifen nach dem billigen Wein aus dem Discounter.

Der billige Wein: Unterhaltung und Ablenkung

Ganze Krüge voll des allerbesten Weins stehen uns zur Verfügung und dennoch schütten wir billiges Zeug in uns hinein. *Freude* ist per definitionem ein „großes Hochgefühl oder ein Glückserleben, ausgelöst durch etwas außerordentlich Gutes oder eine große Befriedigung". Im Gegensatz dazu ist *Unterhaltung* „eine angenehme Beschäftigung, eine Ablenkung, ein Amüsement"[18].

Obwohl wir von Gott dazu geschaffen wurden, um Wunder zu erleben, ziehen wir oberflächliche Unterhaltungen oft vor. Gott hat uns die Sehnsucht nach wahrhaftiger, erfüllender Freude eingepflanzt. Aber viele von uns hat diese gottgegebene Sehnsucht nach tiefer, innerer Befriedigung an Gott, der unsere Wünsche hätte erfüllen können, vorbeigeführt und von einer Droge abhängig gemacht, die zwar unsere Unzufriedenheit und Enttäuschung betäubt, unser echtes Bedürfnis aber nie wirklich stillen kann.

Mein schickes, neues Portemonnaie, das ich vor ein paar Tagen gekauft habe, macht mich zwar immer noch ein wenig glücklich, wenn ich es ansehe. Und natürlich ist es grundsätzlich okay, sich ein neues Portemonnaie zu kaufen, auch wenn ich zweifellos zu viel Geld dafür ausgegeben habe. Der Fehler besteht jedenfalls nicht darin, ein unnötig teures Portemonnaie zu kaufen.

Falsch wird es nur in dem Moment, in dem ich mir einbilde, damit ein Bedürfnis (nach Glück) zu erfüllen. Das hat dann nichts mehr mit Jesus zu tun.

Wir haben das Staunen und die Befriedigung, die eine tiefe Beziehung zu unserem Schöpfer uns geben könnte, eingetauscht gegen: Serien auf Netflix, soziale Medien oder schicke Kleider.

Mein Freund Aaron Ivey, der in unserer Gemeinde das Lobpreisteam leitet, schreibt unglaublich berührende Liedtexte. Eines meiner Lieblingslieder heißt „Jesus ist besser“. Vielleicht hilft es dir, an dieser Stelle einen Moment innezuhalten und über seine Worte in folgender Strophe nachzudenken:

Jesus ist besser
Besser als alle Freuden, die es auf Erden gibt.
Besser als Verliebtsein.
Besser als ein bequemes, schön eingerichtetes Zuhause.
Besser als ein monatelanger Strandurlaub.
Besser als ein unglaublich gutes Essen.
Besser als die längste Shoppingmeile.
Besser, als beliebt zu sein.
Besser als ein Traumjob.
Besser als Sex.

In den Psalmen steht, dass ein Tag mit Gott „mehr wert ist als tausend andere“[19]. Doch mal ganz ehrlich – glauben wir wirklich, dass Jesus besser ist als all diese Dinge? Ich würde es so gern glauben. Eigentlich weiß ich auch, dass es so ist. Aber in meinen Alltag dringt dieses Wissen oft nicht durch, ich verhalte mich jedenfalls nicht dementsprechend. Ich laufe zu Starbucks und vertreibe mir die Zeit auf Facebook, anstatt meine Zeit Jesus zu widmen. Wenn ich nicht der Lüge erlegen wäre, dass diese seichten, hohlen Beschäftigungen mich befriedigten, würde ich doch keinesfalls solchen Trugbildern aufsitzen!

Offenbar denke ich tatsächlich, dass es vergnügliche Dinge gibt, die mit Jesus nichts zu tun haben. Auch wenn ich das gar nicht zugeben möchte, aber ich bin selbst immer wieder überrascht von mir, wenn diese Welt und ihre Verlockungen, denen ich so willig nachlaufe, mir nicht die erhoffte Befriedigung schenken.

Wir sollten uns nicht so täuschen und verwirren lassen. Unsere Freude bzw. ihr Ausbleiben resultieren unmittelbar daraus, worauf wir unsere Zeit, unsere Gedanken und unsere Energie verwenden. Und Jesus ist das genaue Gegenteil von dem, was die Welt mit ihren Lügen uns anbietet.

Unsere Seele findet in den unscheinbaren Momenten Erfüllung, wenn wir im Schlafzimmer auf dem Boden hocken und beten, im Sessel sitzen und in der Bibel lesen oder im Autoradio einen Lobpreissong so laut stellen, dass wir beim Mitsingen die eigene Stimme nicht hören. Unsere Seele findet Erfüllung, wenn wir etwas von uns aus geben und nicht konsumieren. Jesus weiß das, und deshalb ruft er uns dazu auf, in unserem Leben eine andere Richtung einzuschlagen, die zur Erfüllung unserer Hoffnungen führt.

Zeit mit Jesus zu verbringen, beruhigt unser Inneres und wir erinnern uns an Gottes großen Plan, an dem wir teilhaben dürfen. Diese Zeit mit Jesus stärkt uns auch in unserer Persönlichkeit. Wenn wir seine Stimme hören, dann erkennen wir auch die Lügen, die uns anderswo Erfüllung versprechen.

Möchtest du wissen, was du selbst glaubst, was dich am meisten befriedigt? Dann beantworte folgende Frage: Womit verbringst du am meisten Zeit?

Denn die Gefahr für uns besteht nicht nur darin, dass wir billigen Wein trinken, sondern dass wir davon abhängig werden. Ich fürchte, dass viele unserer vermeintlich harmlosen Zeitvertreibe erhebliches Suchtpotenzial besitzen. Unsere ganze Generation ist hingezogen zu medialer Unterhaltung und wird beeinflusst durch alle möglichen Ablenkungen: Netflix, soziale Medien,

Konsum, Shopping, Alkohol, Essen, Karriereerfolge, Urlaube, sogar von Beziehungen. Ich selbst gebe zu, dass ich dem Konsum von Fernsehserien verfallen bin, im Augenblick heißt meine Droge *Im Zentrum der Macht*, vorher war es *Gilmore Girls*. Folge um Folge ziehe ich mir das Zeug rein, Staffel für Staffel.

Was aber, wenn Freude, Genuss und wundersames Staunen im Übermaß verfügbar sind und wir einfach nichts davon mitbekommen, weil wir in diesem Unterhaltungssog feststecken?

Jesus kann uns alles geben, was wir uns wünschen, sogar noch weit mehr. Er sagt: *Ihr wisst schon, dass euer billiger Wein immer wieder schnell zur Neige geht, oder? Ständig müsst ihr Nachschub beschaffen, dabei schmeckt er nicht einmal besonders, und trotzdem könnt ihr nicht aufhören, davon zu trinken. Ich sage euch mal was. Ihr seid müde. Ihr seid erschöpft. Ich werde euch etwas geben, was unerschöpflich ist, was euch ewige Erfüllung schenkt. Tatsächlich wird es im Vergleich zu dem billigen Wein, den ihr getrunken habt, großartig schmecken, besser als alles, was ihr kennt. Wollt ihr das?*

Ja, natürlich. Jeder würde das wollen. Aber ist unser Wunsch so stark, dass wir der schnell verfügbaren Unterhaltung und Ablenkung entsagen und die Stille mit Jesus suchen?

Aus der Wüste kommen keine geistlichen Helikopter zu uns, die uns versorgen, da gibt es nur die alten, herkömmlichen, großartigen, langen Wege, die unsere Vorfahren mit ihrem Glauben gepflastert haben:

Knie auf dem Boden.

Gebete.

Bibeln, die vom vielen Lesen abgegriffen sind.

Stunden, die nur mit dem verbracht wurden, der die eigene Seele versteht und Freude schenkt.

Natürlich sind wir bereit, etwas für Gott zu tun, doch ohne Zeit mit ihm zu verbringen. Gerade in den Kirchen ist dieses Phänomen sehr verbreitet, und dann fragen wir uns, warum wir uns so leer und unglücklich fühlen. Gott hatte uns ursprünglich extra für sich geschaffen und all unsere Versuche, das Leben ohne eine enge Beziehung zu ihm zu managen, verstärkt letzten Endes nur unsere schmerzhafte Sehnsucht nach ihm.

Jesus begann sein öffentliches Wirken mit einem Bild, das bereits auf das Ende hindeutet: Er hat sein Blut für uns vergossen. Insofern bedeutet Wein, der dafür symbolisch steht,

Freude.

Erfüllung.

dass er für uns einstehen wird.

dass seine Vollkommenheit uns erlöst.

dass wir uns nicht mehr hingezogen fühlen zu leeren Unterhaltungsformen.

dass er uns frei macht.

Was aber fangen wir mit dieser Erkenntnis an?

Jesus war sehr deutlich, was wir mit all den negativen Verlockungen tun sollen, die uns umgeben und uns Probleme bereiten: „*Reiß es aus; hau sie ab.*“[20] Modern ausgedrückt:

Bestellt Netflix ab.

Zerschneidet eure Kreditkarte.

Trennt euch von eurem Smartphone.

Pflegt stattdessen die Gemeinschaft mit euren Lieben.

Nehmt wieder die Bibel zur Hand.

Kniet euch hin und betet.

Ihr solltet den besseren Wein nicht verpassen. Seid in der Nähe desjenigen, der eure müden, leeren Seelen erfrischt.

Wollen wir denn überhaupt mehr Zeit mit Gott verbringen?

Als ich vor ein paar Wochen zu der Überzeugung gelangt war, dass ich bei zu vielen Gelegenheiten den billigen Wein Jesus vorzog, stellte ich mein Handy für vierundzwanzig Stunden aus. Ich sorgte dafür, dass in der Schule eine Notfallnummer hinterlegt war, und gab auf der Arbeit bekannt, dass ich einen Tag lang offline sein würde. Dann legte ich los. Ich versuchte es zumindest.

Zuerst fühlte es sich befreiend an, dass meine Aufmerksamkeit von nichts abgelenkt wurde. Aber es dauerte keine Stunde, bis ich reflexhaft die Hand nach meinem Handy ausstreckte. Wie ein Alkoholiker, der sich geistesabwesend einen Drink eingießt, hatte meine Sucht mich im Griff.

Aber ich erinnerte mich sofort an meinen Entschluss und legte es zurück. Ein göttlicher Friede durchströmte mich. Mein Bewusstsein wurde klarer und ich dachte: *Ich bin einfach nur da. Ich werde diesen Tag genießen und darüber staunen, wie es ist, Jesus bei mir zu spüren.* Nichts davon würde ich auf Instagram posten, keine Notizen für meinen nächsten Vortrag sammeln, es ging mir auch nicht um irgendwelche brillanten Beobachtungen, sondern ich wollte mich einfach nur auf Jesus konzentrieren. Es tat mir unglaublich gut und ich sah plötzlich mein Leben nicht mehr als Pflichterfüllung, sondern staunte über Jesu Präsenz in meinem sonst von so vielen Dingen getriebenen Leben.

Wer einmal so bewusst die Disziplin aufbringt, etwas zu fasten, entdeckt dabei erst seine Abhängigkeit. Und wer sich erst einmal nach etwas ausstreckt, das diese Abhängigkeit verkörpert, und dann ins Leere greift, merkt plötzlich: *Gott, du bist besser, Jesus, du bist besser.*

Im vergangenen Jahr haben Zac und ich versucht, all die Dinge zurückzustutzen, die wir zur Befriedigung unserer täglichen Bedürfnisse zu brauchen meinen, zum Beispiel Netflix, Schlaf und Essen. Keine Sorge; wir hungern deswegen nicht! Wir wollen uns nur bewusster ernähren, nicht ständig Essen konsumieren. Ich bekomme auch ausreichend Schlaf, stehe aber nun morgens etwas zeitiger auf.

Seit ich Jesus so über meine weltlichen Bedürfnisse stelle, hat Gott für mich an Bedeutung gewonnen: Er erscheint mir so viel besser, ich liebe ihn mehr. Die Apathie und Gefühlslosigkeit, die mich monatelang in einem Zustand gehalten haben, in dem ich mir mehr ein bequemes Leben gewünscht habe als die Bewegung des göttlichen Geistes in mir zu spüren, hat sich gewandelt. Nun wache ich auf und spüre sofort eine Sehnsucht nach Gott. Mein Mitleid gilt nun mehr meinen Nachbarn statt irgendwelchen Filmcharakteren. Nein, ich möchte nicht behaupten, dass all diese Dinge schlecht sind! Natürlich werde ich hin und wieder auch Cheeseburger essen und auf jeden Fall alle neuen Folgen von *Gilmore Girls* ansehen. Keine Sorge.

Aber ich habe gelernt, dass ein bewusstes Fasten der Dinge, auf die wir aktuell unsere Hoffnung setzen, eine Befreiung darstellt.

Es ist doch so: Ich wünsche mir, dass ich mich mehr zu Gott hingezogen fühle. Ich will tatsächlich morgens nach dem Aufwachen als Erstes an ihn denken, nicht an mein Handy. Wenn ich mit einer Enttäuschung fertigwerden muss, will ich mich von ihm trösten lassen und nicht von einem Cremetörtchen. Seine Liebe ist mir viel wichtiger als die Anerkennung anderer Menschen, die mir nie volle Befriedigung geben wird.

Der billige Wein, den diese Welt uns bietet, versiegt immer wieder. Unsere tiefe, innere Sehnsucht kann er nicht stillen. Und wir sind nun mal ständig auf der Suche, wir können unsere Sehnsucht einfach nicht abschütteln. Dabei kennen wir die Antwort bereits: Gott.

Schließ einmal deine Augen und stelle dir vor: Er ist real, er ist lebendig und hier und jetzt bei uns, der Eine, der mit seinem Wort extravagante, reiche, nie versiegende, wundersame Ströme in unsere Seelen gießt.

Alles, was wir uns erhoffen, findet sich in ihm. Glaubst du daran?

Doch einen ganz wichtigen Punkt muss ich klarstellen. Natürlich lässt sich diese Sehnsucht nicht vollständig ausmerzen, wir werden immer nach mehr lechzen.[21] Das steht schon in der Bibel und gilt gerade auch für diejenigen, die bereits seit ein paar Jahren wissen, wie sich das mit Gott verhält. Bis wir zu Gott in den Himmel kommen, werden wir nie die volle und immerwährende Erfüllung finden. Das Abendmahl mit Brot und Wein ist nur eine Vorstufe zu dem großen Hochzeitsmahl mit dem Lamm, wenn wir endlich für immer bei unserem Gott sein werden. Alle unsere Sinne werden dann genussvoll befriedigt und all unsere Sehnsüchte finden ein Ende.

Wir müssen aufhören, die Erde in den Himmel verwandeln zu wollen. C. S. Lewis schrieb einmal: „*Wenn ich aber in meinem Innern ein Verlangen verspüre, das durch kein Erlebnis in dieser Welt befriedigt werden kann, dann ist die wahrscheinlichste Erklärung dafür die, dass ich für eine andere Welt gemacht bin.*“[22] So geht es uns allen. Aber Jesus gibt uns einen Vorgeschmack auf die große Erfüllung, die uns erwartet. Möge dieser ausreichen, um uns jeden Tag dem Einen näherzubringen, der eines Tages unsere Seelen erfüllt.

Zur Ruhe kommen

„Und der Herr wird dich immerdar führen
und dich sättigen in der Dürre
und dein Gebein stärken.
Und du wirst sein wie ein bewässerter Garten
und wie eine Wasserquelle,
der es nie an Wasser fehlt."

Jesaja 58,11

Wenn wir versuchen, ganz bewusst so zu leben wie Jesus, dann sehen und schmecken wir ihn, wir erfahren, wie es ist, ihn intensiv zu genießen. Da wir umgeben sind von billigen Ablenkungen und Entertainment, kann diese Entscheidung für bewusste Erfahrungen uns ihm wieder näherbringen.

Ein Stück weit müssen wir uns das erkämpfen und uns gegenseitig stärken, damit wir auf das, was uns als notwendig vorgetäuscht wird, verzichten und uns daran erinnern, wie viel Freude uns erwartet.

In diesem Buch geht es übrigens nicht um neue Erfahrungen; es handelt sich um eine Anleitung, wie wir Jesus finden und lernen können, was es bedeutet, bei ihm zufrieden zu sein. Dabei lernen wir Gott besser kennen.

Erfahrungen sind also nicht das Ziel, sondern nur Mittel zum Zweck.

Nichts ist dabei so erhellend wie Gottes Wort. In jedem Kapitel steht deshalb ein Bibeltext, der in die persönliche Auseinandersetzung einladen möchte.

Ein Gedanke

- Wie sieht dein Leben aus,
  wie verbringst du deine Zeit?

- Wovon fühlst du dich am stärksten angezogen?

- Benenne das, was für dich billiger Wein ist.
  Inwiefern ist Jesus besser?

Vertiefung

Nimm dir eine Stunde Zeit, um mit Jesus auf eine neue Art Gemeinschaft zu pflegen.

- Nimm dir Zeit, allein zu sein.

- Wähle dafür einen besonderen, inspirierenden Ort.

- Nimm die Bibel mit sowie einen Notizblock und einen Stift.

- Stell dein Handy aus.

- Sei einfach da.

Idee für den Alltag

Nimm dir eine Auszeit von all deinen elektronischen Geräten. Ich weiß, das klingt hart, aber stell diesen Sonntag einfach mal alle Geräte aus. Kein Bildschirm. Kein Computer. Kein Tablet. Kein Smartphone. Denk dir vielmehr einen kreativen Zeitvertreib aus.

Ich finde es sehr hilfreich, einen Plan für einen solchen Tag aufzustellen; ein klares Programm hilft mir, die Zeit zu genießen und aufzutanken. Besuch Freunde, geh nach draußen, in den Gottesdienst, sei bei Jesus, mach einen Mittagsschlaf, verbring Zeit mit deiner Familie.

Du und andere

Nimm dein Handy zur Hand und schicke einer Freundin oder einem Freund eine Bibelstelle, die gerade besonders auf ihre Situation zutrifft.

6.
Nicht länger allein

Wie Gott dich über die Einsamkeit in tiefe Beziehungen führt

nach Johannes 4

Staub wirbelte vom Boden von meinen Füßen auf, als ich ging. Ich zog die erbarmungslos brennenden Strahlen der Mittagssonne eindeutig den Blicken der anderen Frauen morgens an der Wasserstelle vor. Jetzt um diese Zeit begegneten mir nur wenige Menschen, denn kaum jemand verließ bei dieser Hitze das Haus. Ich aber ging und starrte auf den rissigen, ausgedörrten Boden. Ich bin es gewohnt, meine Augen immer gesenkt zu halten.

Erleichtert stellte ich fest, dass ich ganz allein am Brunnen war. Ich konnte in Ruhe das Wasser schöpfen und wieder nach Hause eilen.

Ich hatte solchen Durst.

Als ich den ledernen Eimer hinunterließ, hörte ich plötzlich eine tiefe Stimme. „Bitte, gib mir zu trinken." Als ich aufblickte, stand ein Mann vor mir, der offensichtlich müde und durstig von einer langen Reise zurückgekehrt war. Er war Jude und wir wussten beide, dass er eigentlich überhaupt nicht mit mir sprechen durfte, denn ich war eine Samariterin und außerdem eine Frau.

Als ich ihn fragte, warum er mich ansprach, und er mein ehrliches Erstaunen sah, erschien ein freundliches, jungenhaftes Grinsen auf seinem Gesicht. „Wenn du wüsstest, wer ich bin, würdest du mich um Wasser bitten. Denn wer von meinem Wasser trinkt, der wird nie wieder Durst leiden."

Das machte mich neugierig. Meine täglichen Gänge zum Brunnen waren schrecklich für mich. Ständig hatte ich Angst, dass die anderen hinter meinem Rücken abfällig über mich sprachen oder mich sogar wegstießen. Oft verließen die Frauen demonstrativ die Wasserstelle, wenn sie mich kommen sahen. Ihre Missachtung tat mir weh. Nur selten gelang es mir, mich unbemerkt unter die Menge zu mischen und zuzuhören, wie sie lachten und sich über ihre Kinder unterhielten, die in der Nähe miteinander spielten. Selbst dann schnürte meine Einsamkeit mir die Brust zusammen und ich fühlte mich, als würde ich ersticken.

Trotzdem: Ich hatte keine Wahl. Ich brauchte Wasser. Ich trug es nach Hause, trank davon, kochte und wusch, aber ich fühlte mich dennoch nie rein. Diese Frauen waren es. Sie lebten ehrenwert und in ordentlichen Verhältnissen.

Ich hätte das Wasser dieses Mannes gern angenommen, um nicht mehr an den Brunnen kommen und meine Scham spüren zu müssen.

Aber statt mir dieses Wasser zu geben, fragte er nach meinem Ehemann. Das war unfair, fast so, als wüsste er, wonach ich mich so sehr sehnte, und wollte es mir vorenthalten.

Obwohl mein Gefäß noch nicht voll war, versuchte ich zu flüchten. Kurz angebunden sagte ich: „Herr, ich habe keinen

Ehemann." Mein Mund fühlte sich ganz trocken an. Wenn ich nicht so durstig gewesen wäre, wäre ich einfach weggelaufen.

„Ich weiß."

Woher wusste er das? Ich blieb wie erstarrt stehen. Er setzte sich zu mir auf einen Stein und suchte meine Augen, die ihm verzweifelt auszuweichen versuchten. Wie konnte er das bloß wissen? Er war doch ein Fremder.

Ruhig und freundlich sagte er: „Du hast fünf Ehemänner gehabt, und der, mit dem du jetzt zusammen bist, ist nicht dein Ehemann."

Alles war aus. Immer hatte ich davor Angst gehabt, hatte mich versteckt, und nun sagte dieser Mann mir die Wahrheit direkt ins Gesicht. Niemand wusste von den anderen Ehemännern. Alle fanden meine aktuelle Lebenssituation verachtenswert genug. So lange war ich fortgelaufen, um meine schmutzige Vergangenheit geheim zu halten. Wie konnte er bloß über all das Bescheid wissen?

„Offenbar bist du ein Prophet, vielleicht kannst du mir eine Frage beantworten. Wohin sollen wir eigentlich gehen, um Gott anzubeten? Die Meinungen darüber gehen sehr auseinander."

Ich wandte ihm den Rücken zu, als er antwortete. „Ich weiß, dass es über die Art und Weise, wie und wo Gott angebetet werden soll, viele Regeln gibt. Aber das alles wird sich bald ändern."

Es berührte mich, wie er das sagte mit solch sanfter Autorität in der Stimme, und das, obwohl er von all den schrecklichen Dingen wusste, die ich so gern verheimlicht hätte. Der Gedanke erschreckte mich. *War das etwa der Messias, der zu mir sprach?*

„Ja, Frau, der bin ich. Die Zeit ist gekommen."

Tatsächlich ... und mir wurde schlagartig klar, dass Gott den Messias zu mir gesandt hatte – ausgerechnet zu mir! Er kannte die schlimmen Sünden, die ich begangen hatte, und verachtete mich nicht deswegen. Seine Liebe und die Hoffnung in seinen Augen überwältigten mich. Alles in mir geriet in Bewegung. Jeder sollte ihn kennenlernen. Es war mir gleichgültig, ob mich jemand sah; die anderen interessierten mich nicht mehr. Sollten sie es doch wissen – ja, sie sollten wissen, dass unser Erlöser gekommen war und dass ich ihm wichtig war. Wenn er jemanden wie mich lieben konnte, würden sich alle von ihm angenommen fühlen.

Ich sah Männer über den Hügel kommen, die ihn zu kennen schienen, und verließ den Brunnen, ohne auf meine Wassergefäße zu achten. So schnell ich konnte, lief ich zurück in die Stadt. In der Nähe des Marktes sah ich eine Gruppe von Frauen mit ihren Kindern. Ich blieb stehen. Wie konnte ich ihnen diese wichtige Neuigkeit bloß mitteilen? Würden sie mir Glauben schenken?

Aber dann tat ich es einfach, indem ich alles bekannte, was ich bisher verborgen hatte. Es war die größte Befreiung, das Irrste, was ich in meinem Leben je getan habe.

Von der Kunst, aufrichtige Beziehungen zu führen

Kürzlich haben wir mit guten Freunden eine Nacht im Bergland von Texas verbracht. Und ganz ehrlich – es war ein Erlebnis, das jeden auf Instagram neidisch gemacht hätte, ein traumhaft schöner Ausflug. So tolle Freunde fuhren mit, wir kannten uns alle bereits seit über zehn Jahren. Schon seit jeher fühlte sich unter uns Paaren alles so leicht und stimmig an. Vermutlich kennen viele das Problem, als Paar gemeinsame Freunde zu haben. Es ist knifflig. Die Frauen müssen sich sympathisch sein, die Männer ebenfalls, und dann muss man erst einmal Termine für gemeinsame Treffen finden und so weiter und so fort. Aber wir haben das alles, und es war uns gelungen, diesen gemeinsamen Ausflug zu organisieren, sogar ohne all die Kinder, die wir inzwischen haben.

Wir blieben abends im Restaurant, bis der Kellner es zumachte. Und er hatte für uns eine dieser kunstvollen Étagèren aufgebaut, mit fünfzehn verschiedenen Aufschnitt- und Käsesorten.

Wir aßen dort also gemeinsam und erzählten uns Dinge, die sonst nicht so zur Sprache kommen.

Gelegentlich prusteten wir vor Lachen, wie Jesse sich von Janet herumkommandieren lässt und wie offensichtlich er das genießt.

Und wir vergossen gemeinsam Tränen darüber, als Julis von ihrer Diagnose berichtete, dass sie wegen ihres schwachen Herzens keine weiteren Kinder mehr bekommen dürfe.

Beim Abschied fühlten wir uns alle irgendwie erfüllt. Wir hatten einander Aufmerksamkeit geschenkt, fühlten uns in unserer Verbundenheit bestätigt und weniger allein. Ich weiß noch, wie ich mich darüber wunderte, dass wir nicht öfter auf diese Art Zeit miteinander verbrachten.

Wir Menschen sehnen uns zwar nach Gemeinschaft, gleichzeitig widerstrebt sie uns aber auch.

Die New York Times veröffentlichte vor Kurzem einen Artikel mit der Überschrift „Befolgen Sie diese Anweisung, um sich in eine beliebige Person zu verlieben". Natürlich wollte ich sofort wissen, wie dieses Geheimrezept lautete, nach dem zwei zufällig ausgewählte Personen sich ineinander verlieben können. Der Artikel stützte sich auf eine von Dr. Arthur Aron durchgeführte Studie, in der zwei wildfremde Menschen plötzlich Liebe füreinander empfinden.[23]

Die beiden Versuchspersonen saßen einander gegenüber und stellten sich gegenseitig sechsunddreißig Fragen, die ganz belanglose anfingen wie „Mit wem isst du am liebsten gemeinsam?" bis hin zu intimeren „Wofür bist du in deinem Leben dankbar?" oder „Wann hast du zuletzt im Beisein einer anderen Person geweint?"

Nach der Beantwortung der je sechsunddreißig Fragen sollten sich die beiden Fremden vier ganze Minuten in die Augen schauen.

Wer hat das schon einmal getan? Jemandem vier Minuten lang bewusst in die Augen zu sehen?

Es ist gar nicht so leicht und gleichzeitig sieht das Gegenüber einem ja auch bis in die Seele. Wer sich so anschauen lässt, fühlt sich schnell ausgeliefert. Normalerweise gehen wir ein solches Risiko nicht ein. Die meisten Leute wenden irgendwann den Blick ab. So ist unser normales Verhalten in puncto Beziehungen nun mal. Die meisten Menschen schrecken instinktiv vor zu viel Nähe zurück.

Trotzdem sind wir nicht dafür gemacht, allein zu leben, in Isolation.

Der Wunsch nach Beziehungen steckt tief in uns. Wir sehnen uns nach innigen Begegnungen, mehr als nach allem anderen. Dennoch würde ich behaupten, dass die meisten von uns sich gleichzeitig sehr einsam fühlen.

Wir sind umgeben von Menschen, aber trotzdem kommen wir nicht zusammen. Obwohl wir uns in einem Raum befinden oder in einem Auto fahren, finden selten echte Begegnungen statt. Wir verpassen die Gelegenheit, uns wirklich wahrzunehmen und einander zuzuhören. Schnell vergeht der Augenblick und wir verpassen auf diese Weise auch die Beziehung mit Jesus. Auf seltsame Art hat die Einsamkeit uns im Griff. Dabei glauben wir irgendwie, dass wir die Einzigen sind, die sich einsam fühlen und unterdrücken den Wunsch, mit anderen über unsere Sorgen und Unsicherheiten zu sprechen, obwohl es den meisten anderen Menschen genauso geht.

Vor Kurzem hat mir ein guter Freund ein Buch gegeben mit dem Titel „Becoming human" (deutscher Titel: „Ich und du: Dem anderen als Mensch begegnen"). Der Autor heißt Jean Vanier:

„Ich entdeckte das schreckliche innere Chaos, das durch extreme Einsamkeit entsteht …

Jeder von uns hat diesen Drang, Dinge zu tun, die andere wertvoll finden, denn das gibt uns ein gutes Gefühl und wir fühlen uns lebendig. Einsamkeit überkommt uns hingegen, wenn wir nicht leistungsfähig sind oder uns nicht vorstellen können, wie es weitergehen soll.

Einsamkeit erscheint dabei als lähmende Krankheit, eine innere Unzufriedenheit oder Rastlosigkeit in unserem Inneren …

Wenn jemand körperlich fit ist, kreative Leistungen erbringt, Erfolge im Leben vorweisen kann, gibt es auch keine Einsamkeit. Aber ich glaube, dass es zur menschlichen Natur gehört, Einsamkeit zu empfinden, sie wird zwar manchmal überdeckt, verschwindet aber nie vollständig …

Einsamkeit ist gewissermaßen essenziell für unser Menschsein …

Einsamkeit ist eine fundamentale Kraft, die Mystiker zu einer engeren Verbindung mit Gott antreibt …

In diesem Fall kann Einsamkeit durchaus auch etwas Gutes sein.“[24]

Im Wesentlichen drückt er mit diesen Worten aus: Ich schere mich nicht darum, was über dich auf Instagram zu lesen ist oder wie viele Freunde du auf Facebook hast. Jeder Mensch ist manchmal einsam.

Und das ist einerseits schrecklich, andererseits aber auch tröstlich.

Berufen, das Versteck zu verlassen

Sosehr ich unseren Ausflug nach West-Texas auch genossen habe, das Ende der Reise kam für mich überraschend. Ich fühlte mich einsam und fiel in ein Loch.

Nur einen Tag, nachdem ich genau das gehabt hatte, wonach ich mich so gesehnt hatte, was ich so sehr gebraucht hatte, wachte ich auf und fühlte mich hundeelend. Und zwar nicht, weil ich meine Freunde vermisste, sondern weil ich fälschlicherweise angenommen hatte, dass der perfekte Ausflug mit den perfekten Leuten und einer so großen Käseauswahl meiner Seele dauerhaft Frieden schenken würde!

Irgendwie hatte ich geglaubt, *wenn wir diesen Ausflug zusammen machen, haben wir eine tolle Erinnerung. Das schweißt uns zusammen, wir führen tiefe Gespräche – und es passiert all das, wonach ich mich sehne.*

Und, was soll ich sagen? Genau so war es. All die Dinge, die ich gehofft hatte, hatten sich erfüllt.

Trotzdem vermisste ich etwas.

Ich kann es mir nur so erklären: Wir fühlen uns so einsam, dass die Anteilnahme und Wertschätzung anderer Menschen gar nicht ausreicht, um uns tief zu erfüllen. Denn wir hoffen, dass sie etwas in uns füllen, was nur Gott auszufüllen vermag.

Indem wir uns nach wirklich tiefen Beziehungen mit anderen Menschen sehnen, stellen wir aber irgendwann fest, dass wir oft durch Freundschaften, Authentizität und ehrlichem Austausch eine gute Beziehung mit Jesus zu ersetzen versuchen.

Einsamkeit sollten wir daher vielmehr als eine Einladung verstehen, Gott näherzukommen. Stattdessen versuchen wir aber frenetisch, dieses Bedürfnis durch die Begegnung mit anderen Menschen zu befriedigen und nebenbei zu beweisen, wie liebenswürdig, witzig und wertvoll wir ihnen erscheinen.

Wir brauchen eine Abhängigkeit von Gott.

Dafür sind wir geschaffen.

Nur weil wir Gott nicht sehen können, meinen wir, uns mit realen Menschen umgeben zu müssen, und das ist in den allermeisten Fällen ungesund. Es entsteht dann schnell eine Koabhängigkeit. Denn wenn wir Beziehungen zu Menschen suchen anstatt mit Gott, erwarten wir schnell etwas Unmögliches von ihnen. Menschen werden uns immer irgendwann enttäuschen. Das ist wenig verwunderlich. Sie sind ja schließlich nicht perfekt. Nur Gott verfügt über die Ressourcen und Fähigkeiten, unsere Bedürfnisse wirklich zu stillen.

Ja, natürlich brauchen wir auch Beziehungen zu anderen Menschen, aber wir können sie nicht wirklich genießen, solange sie nur einen Ersatz für unsere wichtigste Beziehung darstellen. Nur wenn wir unsere Bedürfnisse tief und elementar in Gott stillen, brauchen wir sie von anderen Menschen nicht mehr einzuholen und von ihnen abzuverlangen. Erst dann haben wir wirkliche Freude an und mit anderen, obwohl wir dabei nur allzu menschliche Enttäuschungen und Verletzungen erleben.

Insofern kann Gemeinschaft mit anderen uns zwar Jesus näherbringen, sie ersetzt ihn aber nicht.

Solange wir unsere Erwartungen nicht dementsprechend ändern, werden wir uns immer wieder verstecken müssen, denn derart öffentlich entblößt zu werden, tut weh. Tatsächlich tun wir nämlich oft nur so, als würden wir die Wahrheit über uns selbst preisgeben, so ähnlich wie die Frau am Brunnen, die sagt, dass sie keinen Ehemann hat. Sie ist damit ehrlich, allerdings nur zum Teil, weil sie nämlich ihre wahre Geschichte verheimlichen will.

Auch wenn wir heutzutage unser Antlitz nicht mehr vor anderen Frauen an irgendeinem Treffpunkt wie einem Brunnen verbergen müssen, geben wir doch nur selten unser wahres Gesicht preis. Stattdessen posten wir eine geschönte Version unseres Selbst in den sozialen Netzwerken, während wir bei einem Kaffee unter vier Augen ganz anders aus unserem Leben erzählen – wer kennt uns schon wirklich?

Wer weiß, dass du letzte Woche vor deinen Kindern ausgerastet bist?

Wer weiß, dass du auf deinen Vater wegen einer verletzenden Bemerkung nicht gut zu sprechen bist und seit einem Jahr nicht mehr mit ihm geredet hast?

Wer weiß, dass du während des Studiums eine Abtreibung hattest?

Wer weiß, wie traurig du bist?

Wer weiß, dass du dich einsam fühlst?

Ich habe gelernt, dass es einen Unterschied gibt zwischen *Offenheit*, die uns an bestimmten Punkten verletzlich macht, und einem wirklichen *Sich-öffnen*. Denn sprechen wir ganz *offen* und *transparent* über etwas, geben wir gezielt bestimmte persönliche Dinge preis. *Sich-öffnen* hingegen bedeutet, dass wir uns ganz ehrlich zeigen, mit all unseren Schwächen und Fehlern. Natürlich mache ich mich verletzlich mit diesem Buch, aber mal ehrlich: Diese Seiten sind natürlich nur eine wohlüberlegte Fassung und stehen nur beispielhaft für all die schlimmen Gedanken und Augenblicke in meinem Leben. *Offenheit* ist etwas Wertvolles und sie ist äußerst nützlich; sie dient oft einem guten Zweck, so weit würden wir unseren meisten Bekannten trauen und hier verläuft auch die Grenze dessen, was wir bei Facebook von uns preisgeben. Vollständig öffnen wir uns hingegen nur den uns wirklich nahestehenden Menschen und natürlich Gott. Nur vor ihn können wir mit rückhaltloser Ehrlichkeit treten. Dennoch haben wir Angst davor und am liebsten würden wir manche Dinge verstecken.

Verstecken kann man sich gut auf Instagram, beispielsweise im tollen Outfit einer Designermarke, hinter wohlerzogenen Kindern, einem gut organisierten Haushalt oder einem wichtigen Job. Aber wie immer wir unsere Wirkung nach außen zu beeinflussen versuchen, unsere Augen lassen sich nicht verbergen. Unsere Augen verraten viel über unsere Seele, und ich blicke mittlerweile sehr bewusst in die Augen der Menschen, die mir begegnen. Menschen wie du und ich, die versuchen, ihr Bestes zu geben. Und was erkenne ich da?

Durst!

Doch wonach sehnen wir uns so sehr?

Die Frau am Brunnen war ebenfalls durstig.

Sie sehnte sich nach Wertschätzung.

Sie wollte geliebt werden.

Sie wollte es den Menschen und Gott recht machen.

Sie wollte in ihrem Herzen so gern wieder heil sein.

Wie durstig muss sie gewesen sein, dass sie bis zum Mittag wartete, um Wasser holen zu gehen und anderen nicht zu begegnen, wobei sie immer wünschte, sich diesen Gang ersparen zu können, ihr Bedürfnis verfluchte, am liebsten nie aus ihrem Versteck gekommen wäre.

Niemand mag es, auf andere angewiesen zu sein. Am liebsten wollen wir allein klarkommen. Es macht uns sogar teilweise stolz, alles allein zu schaffen, eine anstrengende Woche ohne jegliche Hilfe zu meistern. Auch wenn wir uns das selten klarmachen – so geht es uns allen.

Folgendes Zitat von C. S. Lewis erklärt, warum:

„Wer liebt, macht sich verletzlich. Wer liebt, wird sein Herz verlieren, vielleicht wird es sogar gebrochen. Wer sichergehen will, dass sein Herz intakt bleibt, sollte es nie verschenken … er wickelt vorsichtig Hobbys darum herum und kleine Luxusgegenstände; vermeidet jegliche gefühlsmäßige Verwicklungen; schließt es sicher ein in einen Koffer oder in den Sarg seiner Selbstliebe. Aber

darin – obwohl es sicher ist, dunkel, still, luftdicht verpackt – wird es sich verändern. Es wird zwar nicht brechen; aber es wird unkaputtbar, undurchdringlich, und es ist unrettbar verloren."[25]

Wer liebt, macht sich verletzlich. Gott hat den Menschen so geschaffen, dass er alle paar Stunden Wasser und Nahrung zu sich nehmen muss, wir kommen allein einfach nicht klar. Unser ganzes Leben verbringen wir in dieser Abhängigkeit. Unsere Bedürfnisse, unser ständig neu aufkeimender Durst locken uns unweigerlich aus unserem Versteck. Je nachdem, womit wir unseren Durst stillen, kehren wir dann wieder in unser Versteck zurück oder entdecken, wie wir unser Leben wieder genießen können, uns gern bei anderen Menschen aufhalten und Beziehungen pflegen, unseren Gott feiern.

Jesus fordert uns dazu auf, unser Versteck zu verlassen.

Er ruft uns zu sich, damit wir von dem lebendigen Wasser kosten, das aus der Quelle aufsteigt und befreit und reinwäscht und Kraft gibt.

Jesus sagt: *Ich kann dir alles geben. Du wirst satt werden, geliebt sein und frei.*

Aber da ist gleichzeitig eine feindliche Macht, die uns zurück in unser Versteck stoßen will, weg von Gott und unseren Mitmenschen, damit wir unser ganzes Leben verpassen. Und es fällt schwer, sich ein solch erfülltes Leben überhaupt zu wünschen, solange wir uns und unser Leben nicht mögen. Es gibt so viele Gründe, warum Menschen sich für ihr Leben schämen – möglicherweise gibt es Verletzungen, Reue, Burn-out, unerfüllte Forderungen, Konflikte. Doch in der Begegnung mit Jesus kann sich das alles ändern.

Sofern wir uns dazu entschließen, unser Versteck zu verlassen. Wie die Frau am Brunnen müssen wir uns zeigen.

Jesus hat sie erst am Brunnen getroffen, nachdem sie ihr Versteck verlassen hatte. Anschließend brachte er das, wofür sie sich so schämte, ans Tageslicht. Im Grunde ist in diesem Moment ihr schlimmster Albtraum wahr geworden. Aber Jesus hatte zugleich eine Lösung, die sich ihrer gesamten Vorstellung entzog, für ihr Problem – und so waren ihre größte Sorge und Last plötzlich von ihr genommen.

* * *

Maya ist geboren und aufgewachsen in Indien. Sie stammte aus einer guten Familie und heiratete einen Mann, den ihre Eltern für passend und ehrenwert hielten. Ihre Hochzeit war wundervoll und ihre Mutter weinte Freudentränen.

Nur ein paar Tage danach wurde Maya zum ersten Mal sexuell missbraucht. Sie trug schwere Verletzungen davon, unter anderem ein angebrochenes Genick, Wirbelschäden, ausgeschlagene Zähne und einen gebrochenen Kiefer. Da sie von Beruf Schauspielerin war, konnte sie zwar ihren Schmerz und ihre Angst verbergen, aber in ihrem Leben gab es nun keine Ruhe, keinen Schlaf, keinen sicheren Ort mehr. Manchmal erlitt sie auch Blackouts, anfangs nur ein paar Minuten lang, dann aber verlor sie für immer längere Zeit das Bewusstsein.

Eines Tages gab ihr der Mann, der sie so quälte, das Telefon und sagte: „Ruf deinen Vater an. Berichte ihm alles, was ich dir angetan habe.“ Sie bat ihren Ehemann, sie nicht dazu zu zwingen, diese Schande einzugestehen. Sie wusste, dass es ihre Eltern umbringen würde.

Als ihr Vater den Hörer abhob, empfand sie das als „den dunkelsten Augenblick in meinem Leben“.

Sie beschloss fortzulaufen. Es gelang ihr, sich mit sehr wenig Gepäck und Geld bis nach Mumbai durchzuschlagen. Um zu überleben, führte sie gemeinsam mit herumstreunenden Kindern Straßentheater auf. Ortsansässige Kriminelle, die die Kinder missbrauchten und ausbeuteten, fühlten sich von Mayas Bemühungen um die Kinder gestört. Eines Tages schlugen einige dieser Männer sie zusammen.

Wieder musste sie fliehen.

Erneut litt sie unter Blackouts und landete schließlich im Rollstuhl, körperlich und geistig völlig gebrochen. Sie konnte nun nicht mehr sprechen und auch nicht mehr ihren Speichelfluss kontrollieren. Aus ihrer Sicht hatte sie „die letzte Würde verloren". Glücklicherweise wurde sie dann zu ihrer Familie zurückgebracht, die ihr dabei half, in vielerlei Hinsicht heil zu werden.

Heute kommuniziert Maya schriftlich. Sie hat zwar ihr hervorragendes Gedächtnis verloren, mit dem sie im Theater ihre Rollen auswendig lernte, aber wenn sie spricht, dann über denjenigen, der sie an jedem einzelnen dieser dunklen Tage gesehen und geliebt hat.

Einmal gab sie folgendes Zeugnis ihres Glaubens: „Es war Gott der bei mir war, und es ist Gott, der bei mir ist, und es wird immer und ewig Gott sein. Wir alle, alle, die in diesem Raum versammelt sind, haben doch nur ein Ziel. Ich wollte ganz normal leben. Ich wollte einfach glücklich sein. Wollt ihr das nicht auch?"

Dann fuhr sie fort: „Vielleicht hatte Gott diese Normalität für mich einfach nicht vorgesehen. Ja, ich habe Schreckliches durchgemacht, aber er benutzt diese Geschichte, auf die ich immer noch nicht wirklich stolz bin, um andere unterdrückte Menschen von ihren Fesseln zu befreien."

Maya leitet inzwischen ein Team bei „International Justice

Mission", der weltweit größten Organisation im Kampf gegen Sklaverei. In ihrem Land leben noch 11,1 Millionen Menschen wie Sklaven und Maya und ihre Mitstreiter haben allein in Indien mehr als zehntausend Menschen befreit.

Auf einer *IF*-Tagung im Jahr 2016 erzählt sie Frauen ihre Geschichte: „Zu diesen Menschen gehören zehntausend Namen und Gesichter, die ich in meinem Leben nie gesehen oder gehört habe. Sie können jetzt ein normales Leben führen. Zehntausend Menschen, deren schmerzerfüllte Geschichten sich gewandelt haben und denen es jetzt hoffentlich gut geht."

Es war beeindruckend zu sehen, wie mutig sie vor dem Publikum ihre Geschichte erzählte. „Ihr könnt etwas verändern, Schwestern. Lasst euch von eurer Scham über Vergangenes nicht abhalten. Tut etwas – mit Freude und mit Selbstvertrauen. Handelt und seid mutig. Der Schmerz, der euch daran hindert, wird genährt von dem Ohnmachtsgefühl, nichts tun zu können. Handelt in einem Geist der Liebe und des Mitleids und dem gerechten Ärger gegen die Ungerechtigkeit. Tut etwas. Jetzt."

Manchmal fühlt es sich an, als wäre Jesus lieblos, wenn er uns auffordert, unser sicheres Versteck zu verlassen und wenn er unsere Fehler, Schwächen und Schmerzen offenlegt. Aber er tut das, um uns zu befreien.

Der Tisch, den wir uns wünschen

Nichts bedroht unsere Identität schlimmer als unsere eigene Angst. Sie legt sich wie ein dunkler Schatten über unser Leben, sie verändert zuweilen unser gesamtes Selbstbild. Denn wenn wir uns fürchten, lassen wir uns von unseren schlimmsten Schwächen beherrschen statt von Gott, wir denken nur an uns und nicht an den, der für uns gestorben ist.

Dem Teufel gefällt es deshalb, wenn Menschen sich allein fühlen. Denn sobald er jemanden in die Isolation getrieben hat, kann er ungehindert angreifen.

Der Teufel will uns einkreisen und mit seinen Lügen umgeben, nach seinem Willen sollen wir uns schämen und uns verstecken und an unseren Schwächen leiden. Wir sollen uns um uns selbst drehen, um unsere Probleme und unsere Fehler, und nicht auf die Idee kommen, für Gott und die Seelen anderer Menschen einzutreten. Solange wir auf dieser Erde mit unserer Angst beschäftigt sind, können wir uns nicht auf die Ewigkeit freuen. Er ködert uns beispielsweise mit Netflix.

Downtown Abbey, um genauer zu sein.

Was um alles in der Welt fasziniert so an dieser Geschichte über eine britische Adelsfamilie und ihr Personal?

Die Familienmitglieder gehen nur selten die Treppe hinunter in die Hauswirtschaftsräume, die Bediensteten gehen nur hinauf, um zu arbeiten. Unter keinen Umständen würden sie sich in den Wohnräumen auf ein Sofa setzen. Die gesellschaftliche Hierarchie dieser Zeit bestand auf einer unsichtbaren Mauer zwischen Reich und Arm, zwischen denen, die würdig waren, und den anderen, die es nicht waren.

Unser Gott ist aber gekommen, um die Mauern zwischen Familienmitgliedern und Bediensteten einzureißen. Er sagt: *Wisst ihr was? Ihr braucht nicht in den Zimmern für die Angestellten zu bleiben. Kommt doch herauf und lebt mit meiner Familie, genießt all das Schöne und Gute im Leben, das ich allen meinen Kindern wünsche.*

Das seid ihr mir wert, das steht euch zu, ihr dürft so leben. Für immer. Das wird euch nicht genommen, unter keinen Umständen, durch niemanden, auch nicht, wenn ihr Fehler macht oder wenn jemand euch etwas anderes vorlügt. Das ist die Wahrheit. Auch wenn ihr weiterhin denen glaubt, die euch in dunkle Verstecke verbannen wollen, wird das an dieser Wahrheit keine Sekunde etwas ändern.

Wir dürfen uns unserer Identität sicher sein. Wir gehören zur Familie, aber trotzdem zögern wir oft, die Treppe hinaufzugehen und das zu genießen. Stattdessen verstecken wir uns im Untergeschoss. Wir freuen uns auf Gottes Nähe im Himmel, dort werden wir an seinem Tisch sitzen und alles genießen, was er für uns bereithält.

Aber du liebe Güte, wenn wir auch jetzt schon hinaufgehen dürfen, dorthin, wo ein großartiges Essen auf uns wartet und der luxuriöse Lifestyle von Downtown, dann sage ich doch nicht Nein!

Du bist ein Kind Gottes, von einem König adoptiert, stehst auf gleicher Stufe mit Jesus Christus – das glaubst du doch, oder? Klingt verrückt, oder? Vor Gott hast du gleiches Recht. Im Himmel stehst du mit Jesus Christus auf einer Stufe. Wahnsinn. Das steht dir zu. Gott sieht dich an und sagt dir: Du gehörst zur Familie. Du bist mein Kind. Warum zum Kuckuck versteckst du dich dort unten im Keller?

Wir brauchen uns nicht zu verstecken – das hieße, uns selbst, unseren Wert und unseren Glauben kleinzureden.

Nach dem denkwürdigen Tag am Brunnen hatte sich für die Frau faktisch nichts verändert. Ihr Leben war genauso wie vorher. Die Gründe für ihre Schamgefühle waren immer noch da. Nichts hatte sich getan. Trotzdem war alles anders. Sie hatte nun eine neue Geschichte. In ihrem Inneren hatte sich dort am Brunnen etwas gewandelt, und zwar durch *Jesus*.

Die Frau am Brunnen wurde nun Teil einer ganz anderen und größeren Geschichte. Sie wurde nicht länger durch ihr sündiges

Leben definiert und durch die Fehler, die sie begangen hatte. Gott hatte sich ihrer angenommen. Sie brauchte nun nichts mehr zu beweisen. Er bestimmte nun ihren Wert. Am Brunnen hatte Jesus nämlich zu ihr gesagt: *Ich bin zu dir gekommen, der Ehebrecherin. Zu der Sünderin. Zu dir, die von allen in der Stadt verachtet wird. Die sich in ihrem Haus verschanzt, ausgerechnet zu dir. Du wirst allen von mir erzählen. Ich habe dich auserwählt, damit du in der ganzen Stadt verkündest, dass alle Menschen erlöst werden.*

Unser Vater sucht solche Leute, damit sie ihn anbeten, und ich habe dich auserwählt.

Sie hört das und tut daraufhin das Undenkbare.

Sie geht zu den Leuten, vor denen sie sich bisher immer versteckt hatte. Sie geht nicht nur zu ihnen hin, sondern sie erzählt geradewegs von ihren Sünden! *Ich glaube, der Messias ist gekommen, und er weiß alles, was ich getan habe.* Sie gesteht alles, was sie immer verbergen wollte.

Ist sie denn verrückt geworden, mag man meinen.

Oder verändert?

Was macht sie so frei?

Wir verstecken uns nur allzu oft, weil wir gar nicht wissen, wie es sich anfühlt, wenn einem alle Sünden vergeben sind. Wie fühlt es sich an, das Leben wirklich schön zu finden, ohne jegliche Scham in eine Menschenmenge hineinzulaufen, keine Angst zu empfinden, keine Schuld, keine Erwartung, wie wir sein sollen und was wir leisten müssen? Wir sind einfach nur da. Und dann hören wir die überraschende Botschaft, dass ein Erlöser gekommen ist, der das Leben verändern kann.

Er überwältigt uns mit seiner Vergebung und Gnade, und er befreit uns von allem, was uns niedergedrückt hat. Das Beste: Er verlangt dafür keine einzige Gegenleistung. Es geht nicht darum, einen Deal einzugehen. Wir dürfen einfach mit ihm gehen. Das klingt verrückt und irgendwie chaotisch – aber es ist ein wildes Abenteuer und macht Spaß. Genau das sollen wir tun, wenn der Geist uns all das schenkt, was unseren Seelen immer so schmerzhaft gefehlt hat.

Wir dürfen uns voll und ganz angenommen fühlen, denn Jesus hat bereits alles abgegolten. **Wir brauchen das, was Gott für uns bereithält, nicht erst noch zu verdienen**. Das lebendige Wasser, das unsere Seelen bis in alle Ewigkeit erquickt, füllt unsere Seelen bis an den Rand. Tatsächlich sagt Jesus, dass es sie nicht nur füllt, sondern darüber hinaussteigt und immer weiterströmt. Wenn wir erkennen, dass wir Kinder Gottes sind, strömt das lebendige Wasser in uns hinein. Wenn wir erkennen, dass wir keine Beweise erbringen müssen, dass wir nichts zu verbergen brauchen, sind wir der Erfüllung ganz nah. Gott ist bei uns und wir sind von allen Zwängen befreit, selbst unsere schlimmsten Fehler sind abgegolten – sie sind vergeben.

Für die Frau am Brunnen begann damit ein neues Leben: Sie, die sich immer geschämt und abseits gestanden hatte, ist plötzlich mittendrin und wird von allen akzeptiert.

Sie hatte die Menschen gemieden, nun läuft sie selbst direkt zu ihnen hin.

Sie hatte nach jemandem oder nach etwas gedürstet, und nun waren alle ihre Bedürfnisse mit einem Mal gestillt.

Sie hatte so viel falsch gemacht, und nun hatte Gott ihrem Leben einen Sinn verliehen.

Sie war voller Scham gewesen und floss nun förmlich über vor Freude.

Das sind drastische Veränderungen. Und so etwas gibt es auch heute noch.

Nicht lange, nachdem ich von meinem richtungsweisenden Aufenthalt in Kanada zurückgekehrt war, bekam ich einen überraschenden Telefonanruf. Es handelte sich um jemanden, den ich schätzte und mochte, aber als ich mich meldete, bekam ich extreme Ablehnung zu spüren.

Ich war zunächst wie gelähmt und erwartete, allmählich in Panik zu geraten. Aber irgendwie passierte nichts. Ich blieb ruhig.

Ich hatte aufgehört, mich immer mehr anzustrengen, mich zu messen und meine Leistungen in den Vordergrund zu stellen.

Mir war klar, dass ich immer wieder Fehler machte. Aber ich hatte Jesu überwältigende Gnade kennengelernt.

Und das hatte bei mir etwas verändert. Das Adrenalin, das normalerweise einschoss, wenn jemand mich kritisierte, kam einfach nicht. Die Anruferin beschimpfte mich als arrogant und dumm, und jedes Mal schien ein Faustschlag in meiner Magengegend zu landen. Aber obwohl jeder Hieb saß, sammelte ich mich immer wieder und spürte eine sonderbare Ruhe und Entschlossenheit in mir.

Ruhig antwortete ich: „Ja, ich weiß. Du hast recht. Ich bin arrogant und oft auch dumm. Es tut mir so leid. Kannst du mir verzeihen, dass ich dich verletzt habe?“

Ein angenehmes wie wildes Freiheitsgefühl entstand plötzlich aus meiner innigen Beziehung zu Gott.

Ich brauchte mich nicht zu rechtfertigen.

Ich brauchte mich nicht zu verstecken.

Ich musste mich nicht schämen.

Ich musste nicht fortlaufen.

Tja. Es ist schlimm mit mir. Aber das ist okay, denn ich weiß, dass Gott mir vergibt. Heute verstehe ich mich mit der Anruferin besser als vor jenem Tag. Auch wenn es nicht leicht ist, die Dinge so zu sehen – wir befinden uns alle in derselben Situation. Gott weiß, dass wir Fehler machen und in die Irre laufen, und meistens ist uns das auch bewusst. Deshalb macht es regelrecht Spaß, damit nicht mehr ständig hinter dem Berg halten zu müssen. Tatsächlich entsteht in diesem ganzen menschlichen Schlamassel oft das Beste, was uns im Leben passiert:

eine plötzliche, drastische Veränderung.

das Ende, sich selbst zu verstellen und zu schützen.

der Anfang einer lebensspendenden Beziehung.

Es erinnert mich an eine Episode aus der Serie *Friends*, als Phoebe sich über die Schwächen ihrer Freundinnen auslässt. Sie behauptet, dass Monica immer im Mittelpunkt stehen will, während Rachel ständig ihre Meinung ändert. Beide ärgern sich und gehen ohne sie zum Essen. Später stellen sie Phoebe zur Rede. Rachel sagt: „Es tut uns leid, dir das sagen zu müssen, Phoebe, aber dein Problem ist, dass du total launisch bist." Monica ruft: „Ha!" Aber anstatt sich zu verteidigen, wirft Phoebe ihren Kopf zurück und lacht. Sie sagt: „Stimmt genau. Ich bin launisch."

Es kann so erfrischend sein, die eigene Schwäche einfach einzugestehen, anstatt uns zu verteidigen und etwas vorzutäuschen.

Natürlich ist es auch schrecklich, Fehler zuzugeben. Aber noch schlimmer ist es, allein zu sein und in der Dunkelheit einen kostbaren Stolz zu hüten. Heilung und Ganzsein können wir nur finden, wenn wir in den rauschenden Strom der Vergebung eintauchen sowie der innigen aud aufrichtigen Beziehung zu anderen.

Begib dich in dieses Wasser!

Zur Ruhe kommen

„Wir liegen zwar am Boden, doch wir stehen wieder auf. Wir sitzen im Finstern, aber der Herr ist unser Licht. Wir haben gegen ihn gesündigt und müssen nun seinen Zorn ertragen. Doch er wird wieder für uns eintreten und das Unrecht vergelten, das man uns angetan hat. Er führt uns von Neuem hinaus ins Licht. Wir werden erleben, wie er für Recht sorgt!“

Micha 7,8+9

Es ist an der Zeit, sich zu Jesus zu bekennen, denn nur er kann uns befreien! Auch wenn wir Angst haben, auf der anderen Seite wartet Jesus auf uns mit seiner Gnade und Freiheit.

Wir alle haben ein tiefes Bedürfnis danach, geliebt zu werden und uns voll angenommen zu fühlen. Auch wenn das auf Erden nie perfekt gelingen wird, sollten wir das Risiko eingehen. Es ist unsere einzige Chance – nutzt sie!

Ein Gedanke

Was hast du zu verbergen? Vielleicht fühlt es sich gar nicht so gravierend an, aber wir alle machen Fehler, die wir meist selbst nicht wahrhaben wollen. Gott kann dir die Augen öffnen, wenn du unlautere Motive hast, die dir gar nicht bewusst sind.

Vertiefung

Der zweite Schritt wird schon deutlich unangenehmer: Gesteh deine Fehler vor anderen ein. Wer frei sein will, hat keine andere Wahl. Sprich mit einer Person deines Vertrauens über das, wofür du dich schämst. Such nach jemandem, der verständnisvoll reagiert, und ein Anfang ist bereits getan.

Idee für den Alltag

Triff dich mit Freunden, denen du vertraust und die ihre Freundschaft unter Beweis gestellt haben. Erzählt einander eure Geschichten, und zwar vollständig, auch die weniger schönen Sachen. Ihr solltet eure Fehler offen zugeben, aber auch über die Gnade sprechen, die ihr jetzt erlebt. Was geschieht? Ich bin sicher, dass ihr eine Weile zusammensitzen werdet und dass euer ehrlicher Vorstoß andere inspirieren wird, die etwas Ähnliches zu berichten haben.

Du und andere

Schreib ein Dankeschön an eine Freundin, der du etwas anvertraut hast, und berichte, wie es für dich weitergegangen ist.

7.
Nicht länger sorgenvoll

Warum deine Gelassenheit der Anfang von Gottes Wirken ist

nach Johannes 6

Die Sonne brannte unbarmherzig vom Himmel. Seit Tagen waren wir unterwegs, hatten gepredigt und geheilt. Erschöpft rasteten wir am Fuß eines Berges. Sehr bald bemerkten wir, dass wieder viele Menschen uns folgten.

Ehrlich gesagt hatte ich einige Zweifel daran, ob ich weiter mit Jesus ziehen sollte. Natürlich war er anders als alle Rabbis, denen ich vorher begegnet war. Zum einen hätte ein normaler Rabbi niemals solche Anhänger um sich geschart, wie die, die Jesus als seine Jünger ausgewählt hatte. Manche von uns waren Fischer, andere Steuereintreiber oder Händler und wieder andere standen eher am Rand der Gesellschaft und schienen aufgrund ihrer Vergangenheit nicht wirklich für ein religiöses Leben geeignet zu sein.

Aber es gab noch einen Grund, warum ich ins Zweifeln kam. Ich hatte alle Annehmlichkeiten des Lebens hinter mir gelassen, meinen vertrauten Alltag, den ich eigentlich ganz gut im Griff gehabt hatte. Hier draußen bei Jesus fühlte es sich immer so an, als hätte ich nicht das richtige Zeug für die Aufgaben, die uns als Nächstes erwarteten. Ich weiß gern, was auf mich zukommt. Ich möchte mich auf Dinge vorbereiten können. Ich mache Sachen gern richtig. Und es wäre schön, ein wenig vorausplanen zu können.

Während ich so meinen Gedanken nachhing, wurde ich plötzlich von Jesus unterbrochen, der mich ansah und mir eine Frage stellte. Ich erstarrte. Offenbar wollte er mich auf die Probe stellen. Tausende Menschen steuerten mittlerweile auf uns zu und es sah danach aus, als wollte Jesus ihnen zu essen geben? Sollte *das ein Witz sein? Das war doch wohl nicht sein Ernst.*

Doch, er meinte es vollkommen ernst.

Und er sah mich immer noch an, offenbar erwartete er eine Antwort. Ich schnappte nach Luft. Verzweifelt suchte ich nach einem Hinweis in seinen Augen, was ich tun sollte. Dann sah ich mich um. Weit und breit gab es keinen Markt, nicht einmal Häuser. Selbst wenn da irgendwo ein fahrender Händler gewesen wäre, hatten wir doch nur sehr wenig Geld zur Verfügung. Wir konnten uns kein Essen leisten, erst recht nicht für so viele Menschen. Ich hatte keine Ahnung, was Jesus von mir erwartete. Ich wusste ja, oft wollte er uns mit seinen Fragen etwas zeigen. Immer wieder überraschte er uns so und versuchte dadurch unsere Denk- und Lebensweise zu ändern. Aber was er jetzt im Schilde führte, konnte ich einfach nicht erahnen.

„Jesus“, sagte ich schließlich. „Man bräuchte fast ein ganzes Jahreseinkommen, um diese Leute alle satt zu kriegen.“

Er lächelte, nickte und schaute sich erwartungsvoll um, ob irgendjemand anders die Antwort gefunden hatte, auf die er offensichtlich wartete.

Als einer schließlich ein paar Fische und Brote vor ihm ablegte, musste ich lachen. Aber Jesus forderte uns auf, die Menschen zu versammeln. Wir eilten los, ohne dass einer von uns auch nur ahnte, was nun passieren würde. Alle ließen sich im Gras nieder und Jesus nahm das Essen, teilte es auf in die Körbe, schloss seine Augen und dankte Gott für das, was nun kommen sollte.

Als er seinen Kopf wieder hob, fingen wir an, das Essen unter den Menschen zu verteilen.

Was soll ich sagen? Es ging einfach nicht aus. Immer mehr Menschen bedienten sich aus den Körben, die herumgereicht und nicht leer wurden. Als alle satt waren, sammelten wir noch die Reste ein, und es standen kurz darauf noch zwölf volle Körbe mit Brot vor uns.

Ich konnte es nicht fassen. Wer diesem Mann folgte, durfte nicht mit Vernunft an die Sache herangehen. Er lebte im Bewusstsein einer Realität, deren Existenz ich nicht einmal erahnen konnte. In dieser Welt steht uns alles, was wir brauchen, zur Verfügung, im Überfluss, und es gibt einen liebenden Vater, der uns mit all dem beschenkt, während wir hier für ihn arbeiten.

Es reicht nicht, nur das zu sehen, was vor Augen ist. Ich wünschte mir, die Dinge so sehen zu können, wie Jesus sie sah. Ich wollte damit aufhören, mir Sorgen zu machen. Ich wollte so ruhig sein wie er. Und während ich so die Körbe anstarrte, wurde mir bewusst, dass er mit dieser Speisung genau das beabsichtigt hatte.

Von den Möglichkeiten, die durch Gottes Geist geschehen

Eines Tages, nachdem Jesus und seine Jünger vor vielen Menschen geredet hatten und erschöpft waren, stiegen sie in ein Boot und ein starker Sturm zog auf. Jesus aber schlief, als der Wind und der Regen drohten, das Boot kentern zu lassen. Während die Jünger immer mehr in Panik gerieten, schlief Jesus friedlich weiter.[26]

Bei allem, was ich schon über Jesus gelesen habe, ist es nie vorgekommen, dass er sich wegen irgendetwas ernsthaft Sorgen machte. Natürlich kümmerte er sich um die Menschen, die er liebte, und um alles, was den Tag über anstand, und als er dem Tod ins Auge blickte, empfand er Angst. Aber Jesus hat nie seine Energie damit verschwendet, Zweifel und Sorgen zu haben. Immer blieb er freundlich, gelassen und strahlte eine tiefe, innere Ruhe aus, ob er nun bedroht wurde oder ob fünftausend Menschen irgendetwas von ihm erwarteten.

Die Jünger hingegen gerieten immer wieder außer sich, während Jesus so ruhig blieb.

Verfügte er über ein Wissen, das ihnen verborgen war, und auch uns verborgen ist?

An diesem Tag fragte Jesus auf dem Berg Philippus: „Was

können wir ihnen zu essen geben?" Johannes berichtet, dass er seinen Jünger damit auf die Probe stellen wollte.[27] Ich habe die Geschichte, wie Jesus fünftausend Menschen speist, schon oft gelesen, ich kenne sie seit Kindertagen. Aber bis vor Kurzem habe ich nie wirklich begriffen, dass er damit vor allem Philippus auf die Probe stellen wollte. Dass er den Blickwinkel seiner Jünger damit ändern wollte. Sie sollten darüber ins Nachdenken kommen, wie man für andere Sorge trägt und ihnen Wertschätzung zeigt. Ich denke übrigens, dass die meisten von uns diesen Test auch nicht bestanden hätten.

Mir geht es jedenfalls so, dass ich die Panik und Sorge der erschöpften Jünger bestens nachvollziehen kann. Zuweilen schleppe ich auch oft eine Menge Ängste und Sorgen mit mir herum, und zwar nicht nur große, schwere Dinge, die durch Leid oder verantwortungsvolle Aufgaben entstehen. Jeden Morgen wache ich beispielsweise auf und sehe eine Menge Leute den Hügel heraufkommen, direkt auf mich zu. Sie erwarten, dass ich ihre Müslischüsseln fülle und Pausenbrote schmiere. Und nach der Schule bringen sie manchmal ihre hungrigen Freunde mit, die eine Tüte Chips in 5,7 Sekunden vertilgen, und bevor ich für Nachschub sorgen kann, ist es Zeit, ans Abendbrot zu denken.

Ob es nun tatsächlich darum geht, Essen in hungrige Mäuler zu stopfen, oder eher darum, Jesus den Menschen näherzubringen, oft bin ich von Menschen umgeben, die erwarten, dass ich ihre Bedürfnisse befriedige. Und das geht nicht nur mir so.

Bist du müde?

Körperlich müde? Oder geistig? Emotional? Vielleicht alles gleichzeitig?

Such dir bitte nur eine Sache aus, die auf dich gerade am ehesten zutrifft.

Wo spürst du die Müdigkeit am meisten?

Und warum bist du denn so müde?

Ich glaube, dass wir müde sind, geht uns allen irgendwann einmal so. Aber es muss nicht immer so sein, denn oft vergessen wir dabei Gott, über welche immensen Ressourcen er verfügt, wie viel Kraft und Stärke er besitzt.

Und schon ist man wieder konfrontiert mit den bekannten Fragen, die die Jünger sich sicher auch an diesem Tag stellten:

Bin ich gut genug?

Wird genug da sein?

Kann Gott unsere Bedürfnisse stillen?

Genau wie der Jünger Philippus stehen wir oft da wie gelähmt, blicken auf unser Leben und fürchten, dass das, was wir tun, nicht reichen wird.

Doch müssen wir uns dabei so müde und ausgelaugt fühlen? Warum diese Schwere?

Hat Gott dir diese Aufgabe wirklich aufgetragen? Was hindert dich dann daran, sie anzugehen? Wenn er doch dabei ist und wir tun sollen, was er sagt … Warum legst du dieses Buch nicht einfach mal beiseite und tust das, was Gott dir gerade sagt, ganz gleich, was es ist? Warum machen wir das nicht einfach?

Ist da etwa eine Stimme in deinem Kopf? Was hörst du? Sprich es aus.

Ist es Ablehnung? Angst zu scheitern? Vor Enttäuschung? Selbstzweifel? Oder bist du es leid, für all deine Probleme eine Lösung zu finden? Gott ist es jedenfalls nicht, der auf eine Lösung drängt. Ihm geht es darum, diese Schwächegefühle zu überwinden.

Denn Gott ist genug und hat genug von allem. Wir können also ganz beruhigt sein.

Es ist geradezu paradox. Die Welt sagt uns, dass wir nur Vertrauen in uns selbst zu haben brauchen, also machen wir immer weiter und greifen unsere Reserven an, um allen zu beweisen, was wir alles leisten können. Aber als Christen wissen wir, dass es wahre Zufriedenheit und inneren Frieden nur geben kann, wenn wir an Jesus und seine Fürsorge glauben.

Eine schier unmögliche Hoffnung

Cooper, unser Adoptivsohn, kennt seine leiblichen Eltern nicht, sie haben ihn als Säugling ausgesetzt. Da es ein paar Schwierigkeiten mit seinen Papieren gab, konnte er nicht als Kleinkind in eine Pflegefamilie vermittelt werden. Irgendwann war er dann der älteste Junge im Waisenhaus, bis wir ihn schließlich bei uns aufnehmen konnten. Für ihn bedeutete das lange Warten, dass fast alle Freunde, die er in den vier Jahren seines Aufenthalts dort kennenlernte, irgendwann adoptiert wurden, nur er nicht. Immer wieder kamen interessierte Paare zu Besuch, die alle seine Freunde nach und nach mitnahmen. Nur er blieb stets im Waisenhaus zurück.

Eines Tages, als er sich schon richtig bei uns zu Hause fühlte, fragte ich ihn: „Hast du daran geglaubt, dass wir jemals kommen würden?"

Seine Antwort schockierte mich. „Aber ich wusste doch, dass ihr kommen würdet, Mama."

Wie sollte ein Vierjähriger sich sicher sein, dass er adoptiert werden würde? Für Cooper hatte es überhaupt keinen Anlass gegeben, das anzunehmen. Niemand hatte ihm irgendetwas in dieser Art vermittelt. Niemand hatte ihm je tief in die Augen gesehen und versprochen: „Deine Mama und dein Papa werden kommen." Niemand hatte ihm gesagt, dass er eine Mutter und einen Vater hatte, bis zu dem Tag, als wir das Gebäude betraten. Kaum hatte er davon erfahren, stand er uns auch schon gegenüber. Trotzdem hatte es den Anschein, als hätte er die ganze Zeit nur auf uns gewartet und dabei immer gewusst, dass wir irgendwann kommen würden.

Allerdings mussten wir uns zwei Jahre lang immer wieder den Vorwurf anhören, warum wir denn nicht ein wenig früher aufgetaucht sind. Ich sagte dann immer: „Mein Lieber, ich wäre sogar durch den Ozean zu dir geschwommen, wenn ich dadurch schneller bei dir gewesen wäre." Der ganze Papierkram und die internationalen Auflagen interessierten ihn nicht die Bohne.

Über die vier Jahre, die er im Waisenhaus auf uns gewartet hatte, kursierten legendäre Geschichten. Jeder, der einmal dort war, erinnert sich an ihn. Er war ein fröhliches Kind, wild und clever. Wenn amerikanische Besucher ihm Süßigkeiten mitbrachten, teilte er sie mit den jüngeren Kindern. Wenn es Streit gab, schlichtete er diesen. Er war ein Anführer. Ein tolles Kind.

Alle seine Freunde bekamen Familien, während er geduldig weiterwartete. Warum hatte er trotzdem immer gute Laune?

Cooper war voller Hoffnung. Er hatte eine Vision. Er wusste, dass Mamas und Papas kleine Kinder auswählten und auf die andere Seite der blauen Tür mitnahmen, die sein Waisenhaus verschloss. Immer wieder waren große Autos mit seinen Freunden fortgefahren, in eine Welt, in der es Mütter und Väter, Schwestern und Brüder gab. Dabei war ihm gar nicht ganz klar, was eine Familie überhaupt ist, aber dort bekam man Spielsachen und Schuhe (bis heute ist er begeistert von Schuhen), trank Saft und fuhr in Autos, so, wie er es sich immer gewünscht hatte. Irgendwie genügte ihm diese Vision, dieser Hoffnungsschimmer, während er wartete.

Er ging davon aus: Bestimmt passiert auch mir das eines Tages. Warum auch nicht?

Mal angenommen, dir und mir gelänge es, eine klare Vision im Herzen zu haben von einem sicheren Zuhause, in dem unser Gott uns erwartet – würde das unsere ängstlichen, schutzbedürftigen Herzen auch beruhigen?

Warum ringen wir so sehr damit, dass Jesus für unsere Bedürfnisse gekommen ist?

Warum brauchen wir im Alltag all die Ablenkungen und süchtig machenden „Beruhigungsmittel"?

Warum können wir nicht einfach das tun, was Gott uns sagt?

Selbst wenn wir den richtigen Ansatz finden, warum fühlen wir uns trotzdem oft so entmutigt, niedergeschlagen und erschöpft? Warum nur, obwohl wir doch wirklich glauben, dass eines Tages der Himmel auf uns wartet?

Die vier Geschichten von Jesus, mit denen wir uns bislang beschäftigt haben, erzählen genau davon. Ihre Botschaft hat mir persönlich wieder Hoffnung gegeben, als ich so verzweifelt nach einem neuen Ansatz für mein Leben gesucht habe. Denn folgende seiner Botschaften sprangen mich förmlich an:

Die Seefahrt. Für meine Leute und das Reich Gottes gehe ich sogar über Bord.

Der Wein. Erinnerst du dich an die großen Krüge, die ich habe holen lassen? Sie waren so groß, um dir zu zeigen, dass der Wein nie zur Neige gehen wird.

Die Frau am Brunnen. Sie wollte ihr Gefäß füllen, um ihren Durst zu stillen. Ich habe ihr versprochen: „Ich habe ein Wasser, das nie versiegt. Wenn du von meinem Wasser trinkst, wirst du nie wieder Durst verspüren." Es ist jede Menge davon da, im Überfluss.

Die Fische und Brote. Ja, ich wusste genau, wie viele Menschen sich da versammelt hatten und was für einen Hunger sie mitbrachten, und ich habe dafür gesorgt, dass am Ende jeder meiner zwölf Jünger noch einen vollen Korb für sich übrig hatte, damit alle sehen konnten und damit du heute noch erkennst, aus welcher Fülle ich schöpfe.

Du bist gut genug, und du wirst immer genug von allem haben, weil ich für dich genug bin und habe.

So ist Gott – auch wenn wir immer knausern. Anstatt darauf zu vertrauen, dass er genug für uns ist und hat, wollen wir immer noch mehr leisten, uns scheint es nie zu reichen. Und gleichzeitig erschöpft es uns, alles aus eigenen Stücken selbst leisten zu müssen.

Es geht nicht um uns

Ich habe immer geglaubt, dass ich mich mehr anstrengen muss. Habe mir einen irrsinnigen Druck gemacht, weil ich nie genug Zeit hatte. Habe mich gesorgt, weil meine Aufgaben mir zu ambitioniert erschienen und ich sie ganz allein bewältigen musste. Ich dachte, dass ich nicht genug mache, ärgerte mich, dass nie genug Geld da war, fragte mich, warum es nicht genug Raum gab für das, was ich auf die Beine stellen wollte. Und wenn es dann am Ende doch gelang, hatte ich Angst, dass es den Aufwand vielleicht gar nicht wert gewesen war.

Vielleicht hast du einen Traum, der von Gott zu kommen scheint, und dann siehst du, dass andere Leute bereits so etwas Ähnliches tun, und verlierst den Mut. Wenn du aber aufhörst, rechts und links nach den anderen zu schielen, kann Gott durch dich die verrücktesten, wundervollsten Dinge vollbringen – du musst nur erkennen, was direkt vor deiner Nase greifbar und möglich ist. Stattdessen blickst du neidisch auf andere und sagst:

„Jemand anders verwirklicht ja schon das, wovon ich geträumt habe."

Gott denkt daraufhin vermutlich: *Hallo? Siehst du nicht, wie groß dieser Planet ist? Auf ihm leben siebeneinhalb Milliarden Menschen. Die Welt ist groß genug, sie bietet Raum euch allen, schließlich habe ich euch so zahlreich geschaffen. Die Welt braucht dich. Leg los! Ich habe genug Zuneigung, Talente, Gaben für jeden Einzelnen, und ich habe Pläne, was ihr tun könnt.*

Jesus wollte für seine Jünger wie auch für uns den Blickwinkel verändern, aus dem wir unser Leben und Gottes Wege betrachten. Deshalb begann er die Speisung der Fünftausend mit einem Test. Dadurch offenbarte er, wie klein der Glaube seiner Jünger war und überschritt bei Weitem ihre Vorstellung davon, was er zu tun imstande war. Selbst letzte Zweifel lösten sich auf, als beim Einsammeln der Reste ein solch gewaltiger Überfluss vorhanden war.

So sah Gottes Plan aus: Ich werde genau so viel Essen beschaffen, wie jeder einzelne Mensch braucht, und wenn alle satt sind, werden noch exakt zwölf Körbe übrig sein.

Das war schon ein beeindruckendes Wunder. Wie werden die zwölf Männer wohl dagestanden haben, jeder mit einem randvollen Korb im Arm? Sie werden sich Blicke zugeworfen haben und vermutlich gesagt haben: Wow!

Denn plötzlich stand nicht mehr ihr eigenes Unvermögen im Vordergrund, sondern Gottes wunderbarer Überfluss.

Gott hatte für die Jünger, die dort mit den gefüllten Körben standen, eine Botschaft:

Mit Christus ist alles möglich!

Versucht ihr aber, Probleme durch menschliche Anstrengung zu lösen, werdet ihr das nie schaffen. Wenn ihr aber mir nachfolgt, werde ich all eure innersten Bedürfnisse befriedigen, und zwar durch meine unerschöpflichen, göttlichen, allmächtigen Ressourcen.

Was hindert uns bloß daran, diesen Geist Gottes wunderbar wirken zu lassen?

Ich kann sagen, was bei mir das Problem war: Ich hatte Angst. Mir war es zu wichtig, was andere über mich dachten. Ich habe mich immer vor den Gedanken anderer Menschen gefürchtet.

Gestern erst habe ich den Abend mit einer Freundin verbracht, die einen Ruf Gottes auf ihrem Leben verspürt und verzweifelt überlegt, was die Leute wohl denken werden, wenn sie das Risiko eingeht und dem, was sie von Gott gehört hat, einfach Folge leistet. Sie hat Angst, selbstherrlich zu wirken. Oh, wie gut ich das nachvollziehen kann! So ist es auch mir ergangen. Und am Ende habe ich gar nichts mehr unternommen.

Als ob es irgendetwas mit uns zu tun hätte, wenn Gott uns ruft. Als ob unser guter Ruf irgendetwas damit zu tun hätte, dass wir unsere Gaben, unsere Ausbildung und Träume dazu nutzen, anderen zu helfen und Gottes Wort in die Welt hinauszutragen.

Denk zum Beispiel an Mose, den Gott aufforderte, bei der Befreiung seines Volkes mitzuwirken. Gott sagte: *Mein Volk befindet sich in Gefangenschaft und ich will es befreien. Sie sollen in ein Land gehen, wo Milch und Honig fließen.*

Und was antwortete Mose? „Ich? Warum denn ausgerechnet ich?" Und dann fing er an, mit Gott darüber zu diskutieren, wie wenig er sich zu dieser Aufgabe berufen fühlte. Dabei hatte Gottes Plan letztlich gar nichts mit Mose zu tun. Gottes Plan war bereits ausgegoren, und er sagte, dass er ihn zu Ende bringen würde. Er konnte sein Volk auch allein aus der Gefangenschaft befreien.

Ich schreibe das nicht, weil mir dieses Problem überall begegnet, sondern vor allem, weil dieser Unglaube hartnäckig in mir selbst haftet. Selbst heute kreise ich noch um meine egozentrische Angst.

Sogar als ich mich an diesen Schreibtisch hier gesetzt habe, habe ich Zac eine Kurznachricht getextet: „Ich weiß nicht, ob ich das hier überhaupt kann und ob ich die Richtige dafür bin. Ich lasse meine Kinder allein und schreibe über Jesus, obwohl ich mich dieser Aufgabe gar nicht gewachsen fühle."

Das habe ich geschrieben, und zwar heute morgen.

Und so wie bereits öfters, schrieb Zac mir auch dieses Mal zurück: „Jennie, es geht hier doch gar nicht um dich. Du machst das auch nicht für dich. Gott macht *seine* Arbeit und befreit *seine* Leute." Wie Mose fangen wir oft an zu glauben, wir seien unzulänglich und könnten daher nicht die Dinge tun, zu denen Gott uns berufen hat. Doch damit begrenzen wir nur das Wirken Gottes, weil wir meinen, es hänge alles von uns ab, von unseren Fähigkeiten, unseren Ressourcen. Doch es geht niemals um uns. Es geht um Menschen, die in irgendetwas gebunden sind, und sich danach sehnen, von Gott befreit zu werden.

Was hält dich zurück?

Denk einmal drüber nach, was dich so ausbremst. Was sind die Dinge, von denen du denkst, dass sie dir fehlen? Wovon du glaubst, nicht genug Begabung zu haben? Oder fehlt es dir an Zeit? An Möglichkeiten? An Kreativität? Hast du Charakterschwächen oder andere persönliche Defizite?

Und jetzt stell dir mal den Himmel vor! Dort gibt es schier endlose Straßen, so weit das Auge reicht, und alle sind voller Warenhäuser.

Diese Fülle steht Gott zur Verfügung, und demgegenüber schaust du auf das, was Gott dir anvertraut hat.

Du wirst eines Tages dort im Himmel von ihm empfangen. Er schaut dir dann in die Augen und sagt: *Durch dich wollte ich so viel verändern – deine Nachbarn, die ganze Stadt. Leider hast du immer nur in deinem Wohnzimmer gesessen und dir Serien reingezogen.*

Und du antwortest darauf: „Ich war einfach nicht gut genug. Ich habe es nicht geschafft, deinen Traum zu verwirklichen."

Dann sagt er: *Komm her. Siehst du diese Straße und wo sie endet? Nein? Über diese Straße verfüge ich und in jedem dieser Warenhäuser gibt es eine Gabe. In der Straße dort drüben stehen in endloser Reihe Häuser voller Geld. Und dort drüben, in dem Haus, gibt es mehr Visionen, als du dir vorstellen kannst, die alle durch dich in die Tat umgesetzt werden wollen.*

Für alle Aufgaben, die ich dir anvertraut habe, hätte ich dich perfekt ausgerüstet – für alles hatte ich bereits vorgesorgt.

„Aber du weißt doch, wie ich ticke. Ich mache so viele Fehler. Ich hätte alles nur vermasselt. Du wolltest doch nicht einmal, dass ich über dich spreche."

Darauf antwortet Gott: *Ich zeige dir mal was. Hier ist mein Sohn. Sieh seine Hände an. Weißt du, was er durchgemacht hat? Er hat dich befreit. Und dich dadurch in die Lage versetzt, andere zu befreien. Alle Fehler sind dir vergeben und ich habe mir sehr gewünscht, dass du anderen davon erzählst.*

So ist unser Gott. Er wartet darauf, durch uns in die ganze Welt zu treten, aber wir halten ihn auf. Weil wir nicht an seine endlosen Möglichkeiten glauben. Irgendwie meinen wir doch, dass er nur besondere Menschen auswählt und besonderen Dingen seine Aufmerksamkeit und seinen Segen schenkt. Aber ich verrate euch mal was: Es gibt diese besonderen Leute gar nicht.

Wie bitte? Natürlich will ich niemanden vor den Kopf stoßen, der seit seiner Kindheit geglaubt hat, eine ganz besondere, einzigartige kleine Schneeflocke zu sein. Aber die Wahrheit ist, wir sind alle gleich menschlich und gleich eingebildet, und unter bestimmten Umständen würden wir alle als Kriminelle enden.

Jeder von uns möchte gerne jemand Besonderes sein. Das betrifft nicht nur unsere Generation, auch wenn die eigene Selbstinszenierung in der heutigen Zeit für viele das Thema ist. Das ist schon seit Urzeiten so, schon bei den ersten Menschen war das so: Warum haben denn Adam und Eva die Erbsünde begangen? Warum haben sie von der einen Frucht gegessen, die Gott ihnen verboten hatte? – Weil sie sein wollten wie Gott. Sie wollten etwas Besonderes sein. Ebenso verhielt es sich mit ihren Söhnen, Kain und Abel. Kain tötete Abel. Warum? – Weil er eifersüchtig auf seinen Bruder war. Die erste menschliche Zivilisation führte zum Bau eines riesigen Turms, mit dem die Menschen sich für alle Zeiten einen Namen machen wollten.

Selbstverwirklichung und Selbstinszenierung sind seit jeher ein Thema.

Auch wir wollen großartig und besonders sein. Also verbringen wir viel Zeit unseres Lebens damit, einander zu beweisen, dass wir besser sind als andere, wobei wir manchmal sogar Gott ins Spiel bringen. Gern hätten wir auch, dass das eine oder andere Wunder passiert, aber natürlich nach unseren Vorstellungen, wann es uns in den Kram passt, wenn wir es verkraften können und es uns gut dastehen lässt. So versuchen wir unser Leben willentlich zu beeinflussen, und oft tun wir das sogar in Gottes Namen.

Gott aber sagt: *Nein, so funktioniert das aber nicht. Vielmehr ist es so, dass ihr an Bedeutung abnehmen müsst, sodass ich an Bedeutung zunehme – und dadurch werde ich große Dinge vollbringen.*

Wir machen vieles so kompliziert – selbst unsere Beziehung zu Gott und wie wir ihm gefallen können. So fragten denn auch die Menschen, nachdem er die Fünftausend gespeist hatte, Jesus: „Was müssen wir tun, um Gott zu gefallen?"

„Nur eins erwartet Gott von euch: Ihr sollt an den glauben, den er gesandt hat"[28], antwortete er.

Ansonsten brauchst du keinerlei spezielle Salbung. Die hast du nämlich schon. Du bist ein Kind Gottes und er hat dir seinen Geist gegeben.

Und warum fühlen wir uns trotzdem so müde?

Weil wir eben Gott keinen Glauben schenken. Es gibt kein anderes Heilmittel gegen unsere eigene innere Erschöpfung, als dass wir unsere Identität in Christus entdecken. Er genügt – und je mehr wir ihn annehmen, umso eher werden wir aufhören können, nach mehr zu streben, Großes leisten zu wollen, ständig Beweise unseres Könnens abliefern zu müssen.

Ich liebe diesen Vers aus Jesaja: *„Kehrt doch um zu mir und werdet ruhig, dann werdet ihr gerettet! Vertraut mir und habt Geduld, dann seid ihr stark!"*[29] Wir werden gerettet, wenn wir loslassen und vertrauen. Stattdessen mühen wir uns oft ab und arbeiten so hart für Gott.

Was muss jemand tun, der gerettet werden will? Seinem Retter vertrauen und kooperieren. Wir brauchen nicht die Helden zu spielen, die die Welt retten. Wir sind nur Statisten in der Geschichte des größten Helden, den es gibt. Und das ist gut so, denn auf ihm lastet ein großer Druck und er hat einen Haufen Arbeit zu erledigen.

Wir dürfen uns vielmehr ausruhen, denn Gott wird retten. Und wenn Gott uns gerettet hat, wer kann uns dann noch etwas anhaben? Wir können also im Endeffekt beruhigt sein.

Wir sind keine Sklaven Gottes. Wir sind seine Kinder und zu uns hat er seinen Sohn geschickt. Er liebt uns und begegnet uns selbst in dunkelsten Stunden, denn er will allen, die hungrig sind und den Berg zu ihm hinaufsteigen, zu essen geben. Aber wenn wir uns mühen und alles selbst zu erledigen versuchen, macht uns das nur müde. Wir kriegen dann schlechte Laune und ärgern uns.

Die schöne Alternative besteht darin zu glauben, dass unser Gott Wunder tut. Wir können uns zurücklehnen und zu ihm beten, das Brot brechen, das er uns gegeben hat, und zusehen, wie er unsere Bedürfnisse stillt – in einem schier unglaublichen Übermaß. Wir können uns ihm anvertrauen; alles, was wir tun und planen und wünschen, ist bei ihm gut aufgehoben. Wir dürfen ihn lieben, denn er ist groß, wir dürfen bei ihm sein, weil es keinen besseren Ort auf der Erde gibt als bei unserem guten, liebenden Vater.

Wir dürfen unsere Mühe gegen das Ausruhen eintauschen und gegen die Zuversicht – nicht in uns selbst und unsere eigenen Kräfte, sondern in die Macht eines starken, heldenhaften Gottes, der nur darauf wartet, uns retten zu dürfen.

Weißt du eigentlich, wodurch Gott dich erkennen lässt, dass du hinter deinen eigenen Ansprüchen zurückbleibst?

Es passiert immer dann, wenn du ihn brauchst.

Ich weiß noch, wie unfähig ich mich fühlte, als wir Cooper in Ruanda abholten. Er hatte gesundheitliche Probleme, wir sprachen nicht seine Sprache und ich habe noch nie so hilflos vor einer Aufgabe gestanden. Aber er hatte keine anderen Eltern auf dieser Welt, nur uns. Er war ein Waise, sein Bauch war aufgedunsen. Ich musste etwas für ihn tun, auch wenn ich nicht wusste, was, ich konnte doch nicht einfach weggehen. Und in den darauffolgenden Monaten ist mir bewusster geworden, wie dringend ich Gott brauchte, mehr als in all den Jahren zuvor.

So können wir Gelassenheit und Vertrauen in die Tat umsetzen: Begegnet uns eine Not, ist irgendwo Hilfe erforderlich, dann sollten wir auf unsere Knie fallen und Gott bitten, dass er uns beisteht. Das kostet Überwindung.

Bis heute konnte ich noch nie offen über die Essstörung sprechen, mit der ich als junge Erwachsene zu kämpfen hatte, weil ich mich immer noch schäme, mich so sehr um mich selbst gedreht zu haben. Stets hatte ich bloß die nächste Mahlzeit im Kopf, was ich essen oder eben nicht essen würde. Dabei ging es ausschließlich um mich selbst und darum, wie unzulänglich ich mich fand. Und ein Teil unseres kranken Kampfes mit der eigenen Unzulänglichkeit ist, dass wir nur noch uns selbst sehen. Andere Leute beachten wir gar nicht mehr. Selbst Gott nehmen wir dann oft nicht wahr.

Heilung kam erst in Sicht, als ein anderer Mensch für mich wichtig wurde. Mir war zu diesem Zeitpunkt bewusst, dass ich eine massive Essstörung hatte und viele besorgte Freunde sprachen mich bereits darauf an. Deshalb strengte ich mich sehr an, zu verbergen, wie sehr die Sucht mich bereits im Griff hatte. Selbst Zac wusste zwar, dass ich in Bezug auf Essen ziemlich eigen war, aber von einer Essstörung ahnte er nichts. Dann ergab es sich, dass ich überraschend schwanger wurde – und von da an begann für mich die Befreiung durch Gott.

Nun wuchs ein Kind in mir heran, und es war keine Frage, dass ich essen und für dieses Baby sorgen würde. Nun trug ich Verantwortung für einen neuen kleinen Menschen, den ich liebte. Meine Werte und Prioritäten verschoben sich. Endlich kreiste ich nicht mehr nur um mich selbst. Der Wandel vollzog sich nicht über Nacht, aber es war der Beginn meiner körperlichen wie seelischen Genesung.

Solange wir uns im Internet aufhalten statt in unserer Nachbarschaft, wenn wir lieber Zeitschriften durchblättern, statt mit anderen Menschen Kontakt aufzunehmen, wenn wir uns in unsere eigenen Probleme verbeißen, statt uns ums Gemeinwohl zu kümmern, werden wir uns immer als unzureichend und ineffektiv erleben. Gerade dann entsteht auch das Gefühl, dass so viele Leute coole Dinge auf die Beine stellen und wir gar nicht gebraucht werden. Diese vermeintlich coolen Leute wohnen aber meist nie in der eigenen Nachbarschaft und kümmern sich dort um die Menschen. Dieses Feld überlässt Gott uns.

Du kannst also den ersten Schritt tun und Gottes Traum für dich verwirklichen. Selbstverständlich wirst du dich noch unsicher fühlen und Risiken eingehen. Aber wenn das geschafft ist und Gott zu dir durchdringt, wirst du dich freuen und weitermachen. Ruf bei der Nachbarin, die du besser kennenlernen möchtest, doch einmal an, melde dich für einen Malkurs an der Volkshochschule an, erzähl Freunden von der kleinen Geschäftsidee, mit deren Verwirklichung du spielst, schreib eine E-Mail an das Jugendamt und informier dich über Nöte der Stadt. Mach einen ersten Schritt.

Ihr habt ihn und er hat euch

Sehen wir andere Menschen in Not und wissen, dass nur Gott ihnen helfen kann, erfüllt uns das mit Zuversicht – wir dürfen ruhig bleiben, statt zu rotieren. Wenn Jesus allerdings von Ruhe spricht, meint er fast immer *die innere Ruhe*. Deshalb führen unsere eigenen Versuche, Ruhe zu erlangen, meist eher ins Chaos. Fernsehen, schlafen, Facebook – das alles bringt nichts, weil nur

Jesus uns wahren inneren Frieden geben kann. Verlassen wir uns auf ihn, strömt Zuversicht in unsere Seelen und gibt uns Kraft, unser Leben kreativ und mit Entschlossenheit zu meistern. Wir bleiben dann innerlich ruhig und gefestigt, während wir unglaubliche, weltverändernde, übernatürliche Dinge bewerkstelligen!

Unsere Zuversicht kommt aus unserem Glauben an Gottes Allmacht – wir brauchen nur zurückzutreten und ihm das Feld zu überlassen!

Allzu oft versuchen wir aber, seine Arbeit zu tun, ohne ihn dabei einzubeziehen.

Wir sollten lieber *gemeinsame* Sache mit Gott machen, statt *für* ihn zu arbeiten.

Denn jeden Tag spricht er zu uns: *Fragt mich einfach, wenn ihr etwas braucht. Seid ihr dabei? Wollt ihr mein Königreich bauen? Jederzeit. Ich brauche euch. Ihr braucht euch um nichts Sorgen zu machen.*

Gott hat sich noch nie um etwas gedrückt. Er ist die Güte selbst und beschenkt uns in jeder Hinsicht reichlich. Für gewöhnlich ist es unsere Tagesration, unser täglich Brot mit einem kleinen Extra, das unseren Glauben befeuert. Morgen werden wieder alle hungrig aufwachen. Jeder Tag bringt neue Bedürfnisse mit sich, neue Herausforderungen, neue Probleme, und jeden Tag öffnet er seine unerschöpflichen Warenhäuser voller Brot. Es ist mehr als genug da, aber Gott möchte, dass wir ihn immer wieder darum bitten.

* * *

Cooper ist nun schon so lange bei uns zu Hause, dass er sich nicht mehr darüber wundert oder fragt, ob wir ihn irgendwann zurück nach Afrika schicken, auch wenn ihn das anfangs manchmal beschäftigte. Nun liegt er abends im Bett und denkt an das Lacrosse-Spiel, das er am kommenden Tag bewältigen muss.

Wird sein Team gewinnen? Wird er gut genug spielen?

Wenn er seine Sorgen abends im Gebet ausspricht, kommt mir in den Sinn: *Ich sorge für dich.*

Während er befürchtet, dass beim Spiel seine Ausrüstung vielleicht nicht komplett ist, sage ich zu ihm: *Weißt du was? Natürlich wirst du deine Ausrüstung vollständig dabeihaben. Warum? Weil ich dafür sorge.*

Dann meint er, er könnte etwas verlieren.

Weißt du was, kleiner Mann? Auf jedem Teil deiner Ausrüstung steht extra dein Name drauf. Und warum? Weil ich mich darum kümmere.

Dann glaubt er, dass ihn vielleicht niemand anfeuert.

Hey, ich werde aber dort sitzen und zusehen, und ich feuere dich an. Papa auch und deine Schwestern und dein Bruder. Und anschließend werden wir dich ohne Ende bejubeln, ganz gleich, ob du gewonnen oder verloren hast. Weil wir dich lieben. Ich finde dich toll und ich werde immer für dich da sein.

Wir alle haben vor irgendetwas Angst, aber Gott versorgt uns.

Als die Jünger Jesus mitten im Sturm aufweckten, weil sie um ihr Leben fürchteten, was tat er da? Er bestrafte sie nicht etwa, sondern er befahl dem Sturm, sich zu legen. Jesus sorgt für uns.

Manchmal sind die Quellen des lebendigen Wassers, das Jesus uns versprochen hat, ruhig und erfrischen uns, wenn wir bei ihm sitzen. Manchmal rauscht das Wasser aber auch und wird zu einer Quelle, die den Durst der Welt stillt. Bei Christus versiegen die Ströme nie.

Mein Gebet ist, dass du erkennst, wie Gott dich bewundert. Dass er an deinem Leben teilhaben und dich nie verlassen will, der dich anfeuert und mit allem versorgt, was du brauchst, sogar – nein, ganz besonders an den schlimmsten Tagen deines Lebens. Ich bete dafür, dass du an diesem Wasser Ruhe findest, durch dieses Wasser. Ich bete dafür, dass du nicht nur in der Ewigkeit in Gottes Familie innere Ruhe findest, sondern in deinem Alltag, wo er bereits all das auftischt, was du dir wünschst.

Er sorgt für dich. Und wenn du spielst, jubelt er dir sogar zu.

Zur Ruhe kommen

„Gott aber kann viel mehr tun, als wir jemals von ihm erbitten oder uns auch nur vorstellen können. So groß ist seine Kraft, die in uns wirkt. Deshalb wollen wir ihn mit der ganzen Gemeinde durch Jesus Christus ewig und für alle Zeiten loben und preisen. Amen."

Epheser 3,20–21

Was würde passieren, wenn du wirklich an die Fürsorge und Güte Gottes glaubst? So, wie ich für meinen Sohn sorge und seine Bedürfnisse befriedige, kümmert Gott sich auch um dich. Viel mehr sogar noch und er hat unglaubliche Pläne für dein Leben.

Was wäre das für eine Verschwendung, wenn du erst im Himmel merken würdest, dass du all diese Jahre auf Gottes Überfluss hättest vertrauen können, anstatt dich ständig zu sorgen?

Ein Gedanke

- Wie viele Sorgen machst du dir heute auf einer Skala von 1 bis 10?
- Was bereitet dir momentan am meisten Sorgen?

Vertiefung

- Was würdest du jetzt am liebsten tun, wenn dich nichts daran hinderte?
- Erzähl jemandem von deinem Traum.
- Bete dafür, dass er in Erfüllung geht.
- Überlege, was du zur Verwirklichung dieses Traums unternehmen kannst.

Idee für den Alltag

Lade eine Frau zum Essen ein, die älter ist als du und an Jesus glaubt. Stell ihr die folgenden Fragen:

- Wann in deinem Leben hast du Gott als treu erlebt?
- Wo hat Gott dich überreich versorgt, obwohl du an seinen Möglichkeiten gezweifelt hast?
- Gibt es etwas, das du deinem jüngeren Ich aus deiner heutigen Erfahrung gern sagen würdest, wenn du es könntest?

Du und andere

Wenn du das nächste Mal eine gute Freundin triffst, lade sie ein und träum mit ihr gemeinsam. Frag sie: „Was wärst du bereit, für Gott oder andere Menschen zu tun, wenn es keine Hindernisse gäbe?" Hilf ihr, einen Schritt in die Richtung zu gehen, diesen Traum zu verwirklichen.

8.
Nicht länger passiv

Warum du mehr wagen darfst, als du dir selbst vorstellen kannst

nach Johannes 9

Von meinem üblichen Platz am Straßenrand, dicht genug an den vorbeigehenden Menschen, lauschte ich den Gesprächen. Ich schnappte so einiges auf, ohne Ärger zu erregen. Am Sabbat war es spürbar ruhiger als an anderen Tagen, die Kinder machten keinen Lärm und das Markttreiben fehlte auch. Alle Familien hatten sich in ihren Häusern versammelt, wo sie ausruhten, gemeinsam beteten und aßen. Oft stellte ich mir vor, ich würde einmal eingeladen, mit ihnen am Tisch zu sitzen.

Aber die Leute empfanden mich als öffentliches Ärgernis. Obwohl das schrecklich für mich war, konnte ich es doch nicht ändern. Meist aß ich Brot und andere Essensreste, die barmherzige Passanten mir hinwarfen. Meine Eltern hatten eine große Familie zu ernähren, da blieb nur wenig übrig für einen erwachsenen Sohn, der eigentlich schon in der Lage sein sollte, sie zu unterstützen. So lebte ich voller Scham und im Bewusstsein, dass ich nichts als eine Belastung darstellte.

Da näherte sich eine Gruppe von Männern. Obwohl ich ihre Stimmen nicht kannte, war mir ihre Frage mehr als vertraut. Oft glauben die Menschen nämlich, dass Blinde auch nichts hören können. „Rabbi, warum ist dieser Mann blind? Ist das seine Schuld oder die seiner Eltern?"

Es wurde still. Schon seit vielen Jahren versuchte ich mich vor solchen Augenblicken zu schützen. Ich hatte mir ein dickes Fell zugelegt, wenn die Menschen abfällige Bemerkungen über mich machten oder mich verurteilten. Die täglichen Beleidigungen und Beschimpfungen, sie gehörten zu meinem Alltag. Wahrscheinlich stimmte es sogar, was da teilweise behauptet wurde. Ich hatte kein anderes Leben verdient.

Ich spürte, wie der Rabbi sich vor mir niederkniete, so dicht, dass ich seinen Atem vernahm, und er sagte Folgendes: „Niemand ist schuld daran. Dieser Mann ist blind, damit Gott an ihm seine Barmherzigkeit zeigen kann."

Ich war verwirrt. Ich wusste, es war Sabbat, aber ich hörte, dass er etwas zusammenmischte, und dann strichen seine kühlen Hände eine Salbe auf meine Augen. Er sagte, ich solle hinunter an den Fluss gehen und dort mein Gesicht abwaschen.

Mit verquollenen Augen saß ich da und wusste nicht, was ich tun sollte. Der Weg zum Fluss war weit, das war lächerlich. Als Kind hatte ich Gott darum gebeten, mich zu heilen, aber jetzt, wo ich erwachsen war, schien mir eine solche Hoffnung unrealistisch und naiv.

Ich glaubte an nichts mehr. Ich hatte keine Hoffnung. Ich hatte mich an mein elendes Dasein gewöhnt, ebenso wie an die Verachtung durch meine Mitmenschen.

Aber dieser Rabbi hatte für mich etwas riskiert. Ich kannte die Gesetze. Wenn jemand gesehen hatte, dass er eine Salbe anrührte, würde er vor Gericht kommen. Noch nie hatte jemand so etwas für mich getan. Es kam selten vor, dass überhaupt jemand auch nur ein Wort an mich richtete.

Ich stand auf, und sei es nur aus Respekt für diesen Mann, Jesus, der mich verteidigt und das für mich getan hatte.

Schritt für Schritt tastete ich mich zum Wasser hin und wusch meine Augen. Als ich den Kopf hob, schossen Farbe, Licht und Gegenstände nur so hinein. Meine Sinne waren geblendet von diesem Leuchten und der Schönheit. Sogar die rostige Farbe der Erde strahlte mit unglaublicher Intensität.

Ich weinte. Dann schrie ich.

Viele Leute glaubten mir nicht, als ich nach Hause zurückkehrte und ihnen von meiner Heilung erzählte. Sie erkannten mich nicht, obwohl ich so viele Jahre zu ihren Füßen gesessen hatte. Nur die wenigen, die Mitleid mit mir gehabt hatten, wussten, wer ich war.

Kurz darauf verlangten die Pharisäer mich zu sehen. Sie wollten wissen, was geschehen war, und ich erzählte es ihnen. Auch wenn ich Jesus keine Unannehmlichkeiten bereiten wollte, so sollte doch jeder wissen, was für Wunder er vollbringen konnte.

Aber die Pharisäer stellten Jesus zur Rede und ich hörte, wie er stundenlang erklären musste, warum er mich geheilt hatte, und zwar vor Leuten, die es wichtiger fanden, dass er möglicherweise ein Gesetz gebrochen hatte, als dass er mich von einem Leben im Elend erlöst hatte.

Würde er weiterhin Wunder tun dürfen?

Wer würde sich jetzt noch trauen, ihm zu folgen?

Von dem Mut, Hindernisse und Hemmungen zu überwinden

Eine meiner persönlichen Heldinnen ist meine Freundin Kim Patton. Ich habe sie und ihren Mann Sherwynn vor sechs Jahren kennengelernt und war sofort begeistert von ihr, denn sie ist eine hingebungsvolle Christin und setzt sich mit Herzblut für das Wohlergehen ihrer Mitmenschen ein.

Kim und Sherwynn besuchen Inhaftierte in Gefängnissen. Ihr Dienst ist Teil einer Wiedereingliederungsmaßnahme für Menschen, die sich wegen familiärer Gewalt im Strafvollzug befinden. Kim ist zwar eine starke und entschlossene Frau, aber sie ist körperlich sehr zierlich. Nichtsdestotrotz bringt sie farbige Kriminelle und weiße Polizisten dazu, sich an einen Tisch zu setzen. Sie initiiert Versöhnungsprozesse, die vielen beim Lösen lebenswichtiger Konflikte helfen. Seitdem ist die Kriminalitätsrate in Austin spürbar gesunken.

Kim ist beispielsweise der Überzeugung, dass die Rassentrennung im amerikanischen Rechtssystem nur dadurch überwunden werden kann, wenn die Menschen Beziehungen zueinander aufbauen, miteinander ins Gespräch kommen und Jesus kennenlernen. Sie versucht damit einen der tiefsten, kompliziertesten Risse zu heilen, die mitten durch unsere Gesellschaft gehen, bringt Licht in die Dunkelheit und tut dabei so, als wäre das alles das Normalste der Welt.

Kim folgte meiner Einladung zum ersten *IF:Gathering*. Sie weiß, dass mir das friedliche Miteinander im Rahmen einer funktionieren Multikulturalität unserer Generation sehr am Herzen liegt. Kurz darauf rief sie mich an. „Jennie, ich würde dich gerne zum Lunch einladen, damit wir weiter über die Mulitkulturalität bei *IF* reden können."

Als ich wenige Tage später zum Lunch erschien, ging ich davon aus, dass Kim nur mich eingeladen hatte. Stattdessen warteten vier dunkelhäutige Frauen auf mich. Sie alle waren schon einmal beim *IF:Gathering* gewesen. Mit farbigen Frauen zu Mittag essen wäre nun an und für sich kein Problem für mich gewesen, aber sie waren gekommen, um meine Organisation auf den Prüfstand zu stellen und herauszufinden, wie wir mit verschiedenen ethnischen Abstammungen tatsächlich umgingen.

Das machte mich schon nervös, gleichzeitig war ich gespannt, was sie anzumerken hatten. Und dann berichteten diese Frauen, wie es sich anfühlt, einen Raum zu betreten, in dem niemand so aussieht wie sie, dass sie nur selten Rednerinnen hören, die ihnen gleichen. Auch wenn es ihnen manchmal schwerfiel, erzählten sie ehrlich und in freundlichem Ton von ihren Erfahrungen. Und obwohl niemand sie dazu aufgefordert hatte, wollten sie sich engagieren und der Organisation *IF* dabei helfen zu wachsen und sich zu entwickeln. Nachdem ich eine Weile zugehört hatte, war ich an der Reihe, von meinem Traum in puncto Multikulturalität und Versöhnung zu reden.

Nach dem Essen meinte Kim: „Das war doch schon mal ein Anfang. Ich glaube, wir sollten eine regelmäßige Gesprächsrunde gründen."

Daraufhin fragte ich nach: „So, wie du Kriminelle und Polizisten zusammenbringst? Willst du so etwas für die Frauen aus den Vororten anbieten?“

„Ja.“

„Na gut! Versuchen können wir es ja mal.“

Ein paar Wochen später stellten wir ein wenig unbeholfen eine seltsame Mischung von Snacks bereit und versammelten uns in einem Kreis: einige afrikanische Frauen, eine Asiatin, eine Südamerikanerin und auch einige wenige weiße Frauen. Doch keiner wusste genau, was nun passieren würde.

Allison sprach ein wenig naiv über Farbenblindheit, dann entgegnete Regina, dass es wenig hilfreich sei, wenn die Weißen so täten, als ob es in der Welt keine farbige Vielfalt gäbe. Sie berichtete, wie ihre Verwandten einmal Geld gesammelt hatten, um für ihre Mutter ein Parfüm zum Geburtstag zu kaufen. Als sie die Summe zusammenhatten, fuhren sie gemeinsam in ein Einkaufszentrum. Dort wurden sie angestarrt, als wären sie potenzielle Diebe, und dann kam auch schon jemand und bezichtigte sie, etwas geklaut zu haben.

In diesem Augenblick verstummten alle weißen Frauen in dem Raum und wir hörten auf, die Realität schönzureden, wir mussten umdenken.

Vor allem mussten wir lernen, erst einmal zuzuhören. Unsere mutigen, freundlichen, neuen farbigen Freundinnen lehrten uns voller Demut und Mitgefühl eine Menge über unsere Privilegien, die uns gar nicht so bewusst gewesen waren. Es kamen Dinge zur Sprache, die ich nie gewagt hätte anzusprechen.

Kim bewies Mut, indem sie ihre Freundinnen einfach mitgebracht hatte – sie wusste nicht, wie sensibel wir reagieren würden oder ob alles nur noch schlimmer würde. Wie sollten sie sicher sein, dass ihr Anliegen uns interessierte? Dass wir überhaupt mitmachten? Oder dass wir ihren Freundinnen neue Verletzungen zufügten?

Zac und ich haben einen Mentor, Rick Taylor, der uns immer gesagt hat, dass Menschen in verantwortungsvollen Positionen sich durch ihre Bereitschaft auszeichnen, anderen zu helfen. Kim hat für uns alle etwas Gutes bewirkt und vielen Menschen geholfen, die wir später beeinflussten, obwohl sie selbst noch keine klare Vorstellung davon hatte, was Gott in Zukunft für Pläne mit uns hatte. Statt uns in unserer Apathie und in unserer Komfortzone verharren zu lassen, ergriff Kim die Initiative und schlug zum Nutzen vieler Menschen einen Weg ein, auf dem wir nun gemeinsam etwas verändern konnten.

Und weil Kim dieses Anfangsrisiko auf sich genommen hat, konnten wir im darauffolgenden Jahr beobachten, wie Gott einen Vorhang zurückzog, um zu enthüllen, was er bewirkte. Ein größerer Zusammenhang wurde sichtbar, so wie es mal im Himmel sein wird. Ich habe jedenfalls Dinge gesehen, von denen ich vorher nichts geahnt habe. So schön, kreativ und wunderbar kann es sein, wenn Menschen zusammenarbeiten und sich in ihrer Unterschiedlichkeit ergänzen und wertschätzen, anstatt Angst voreinander zu haben. Bisher hatte ich mir die Welt für meinen Blickwinkel zurechtgeschnitten. Doch nachdem ich diese selbstgebastelte Box verlassen hatte, konnte ich plötzlich viel mehr von Gott erkennen. Sein Königreich ist so mannigfaltig und gut.

Wenn wir ins Unbekannte aufbrechen, uns selbst an Unbequemes wagen, wachsen wir daran und erfahren mehr von Gott.

In mancherlei Weise gleichen wir oft den Pharisäern zu der Zeit Jesu, mehr als uns das lieb ist. Wir erschaffen uns eine Welt, in der wir denen, die anders sind als wir, gar nicht begegnen. Vielleicht fürchten wir, dass wir anderswo auch unerwünscht sind, also bauen wir eine Box um uns herum, in der uns keiner verletzen kann. Oder wir sind so versessen darauf, zur „richtigen" Gruppe dazuzugehören, dass wir andere mit unserer Box ausgrenzen. Manche definieren ihre Box durch ihr Lebensalter oder ihre Lebensphase, andere durch ihren sozialen Status oder Ehestand, wiederum andere durch die Konfession oder politische Gesinnung. Wir umgeben uns dann nur noch mit Gleichgesinnten und der grandiose Ozean, der stets in Bewegung ist und erfüllt ist von Gottes kreativer, Ehrfurcht einflößender Vielfalt, wird zu einem zähen, ungesunden, stinkenden Goldfischtümpel.

Als wir unseren Gesprächskreis abhielten, trafen wir eine Vereinbarung: Alle Teilnehmerinnen mussten es unterlassen, sich ständig zu rechtfertigen oder den anderen zu beweisen, dass sie alles besser wussten. Denn uns war klar, unsere eigene Perspektive hat Grenzen, und wir wollten nun versuchen darauf zu vertrauen, dass Jesu Kraft ausreicht, um …

- die verletzenden Mauern niederzureißen, die wir unwissentlich errichtet haben.
- Brücken echter Freundschaft zu bauen und der Wahrheit ins Gesicht zu blicken, auch wenn es uns schwerfällt.
- uns zusammenzuführen, obwohl wir so unterschiedlich sind.

Denn er hat das alles geschafft.

Wir hatten uns tatsächlich eingebildet, mit unserem Weltbild sei alles in Ordnung, aber unterschwellig gab es Spannungen, die uns daran hinderten, wirklich Freundschaft miteinander zu schließen. Nun wagten wir uns vor, weit genug, um diese Spannungen und unsere eigene Unbeholfenheit wahrzunehmen.

Wir setzten uns mit Problemen auseinander, von deren Existenz wir bis dahin gar nichts geahnt hatten.

Das Ziel ist nicht Sicherheit

Wenn wir Beziehungen zu Menschen aufbauen wollen, die anders sind als wir, müssen wir entscheiden: Können wir wirklich das Risiko eingehen, etwas Falsches zu sagen, können wir es aushalten, wenn wir zu hören bekommen, dass wir selbst Teil eines Problems sind? Kann unsere Liebe die möglicherweise entstehenden Verletzungen überwinden?

Und warum sollten wir unsere Komfortzone überhaupt verlassen?

Weil wir alles erhalten werden, was wir suchen, wenn wir das Risiko eingehen, uns an Gott zu orientieren und den Worten in der Bibel folgen: die Nähe zu Jesus, einen wachsenden Glauben, tiefe, bereichernde Erfahrungen und Beziehungen, Befriedigung und Freude in dem kurzen Leben, das uns geschenkt wird.

Selbstverständlich wollen wir unser Herz vor Verletzungen schützen und scheuen daher Risiken, insbesondere wenn wir Verantwortung übernehmen und Gehorsam gegenüber Gott zeigen sollen. Und so, obwohl wir uns tief in unserem Inneren nach Abenteuern sehnen, ersticken wir als Erwachsene dieses Bedürfnis mit religiösen Gewissheiten, die berechenbar und vorhersehbar sind. Unsere Fähigkeit, etwas zu wagen, zu erforschen, zu erfinden, zu schaffen, neue, aufregende Erfahrungen zuzulassen, haben wir weitgehend verloren. Stattdessen wollen wir Sicherheit, klare Maßstäbe, Akzeptanz und ein gewisses Maß an innerer Bestätigung.

Aber Jesus lebt nicht in unserer Komfortszene. Das, wonach wir uns sehnen – das, was er uns schenken kann –, findet am stärksten dort statt, wo wir auf ihn angewiesen sind. Insofern wachen unsere Herzen auf, wenn wir aus unserer Box treten. Gottes Geist führt uns dann in ein wildes Abenteuer mit ungewissem Ausgang, selbst wenn dies in unserem ganz normalen Alltag stattfindet.

Jeden Tag unseres Lebens sollten wir ein Risiko eingehen, mit dem wir Gott ehren. Damit will ich nicht behaupten, dass mir das besonders leichtfällt. Ich glaube lediglich, dass Jesus jenseits unserer üblichen Komfortzone zu Hause ist. Und wenn wir es uns zu bequem machen, spüren wir nicht mehr, dass wir Gott brauchen.

Wir neigen dazu, unsere Entscheidungen stärker von unseren Ängsten abhängig zu machen als von unserem Glauben.

Oder wir richten unser Handeln nach dem aus, was unser Stolz uns diktiert, indem wir an unsere eigenen Fähigkeiten glauben und kein Risiko eingehen. Dann können wir jedoch nicht wachsen, wir brauchen keine Hilfe, wir brauchen gar nichts. Wir genügen dann bloß uns selbst.

Diese Einstellung ist nicht erst in unserer modernen westlichen Zivilisation entstanden. Schon zur Zeit Jesu glaubten die Leute diese Lüge. Immer wieder störte er ihre komfortabel eingerichteten Abläufe, brüskierte ihre kulturell bedingten Erwartungen und vorhersehbaren Szenarien und stieß sie in die riskanten, tiefen Gewässer der Freiheit, des Heilens, der Ganzheit, des Überflusses, der Freude. Alles, was sie für richtig erachteten, sollten sie einmal überdenken, sich selbst und Gottes Werte reflektieren.

Es war eine Sache, dass Jesus in jener Nacht den Sturm besänftigte. Aber als er Petrus dazu aufforderte, über das Wasser zu ihm zu laufen, bugsierte er ihn auf eine neue Ebene seines Glaubens. Ja, natürlich hatte Petrus Zweifel und sank ins Wasser, aber Jesus hielt ihn fest.

Wir werden unsere Ängste wohl nie in den Griff bekommen, auch wenn wir viel Zeit darauf verwenden; sobald wir auf dem Wasser laufen sollen – und zwar *obwohl* wir Angst haben, wird Jesus sich keineswegs über unsere Angst lustig machen; er will uns jedoch aus unseren sicheren Booten herauslocken, damit wir etwas Undenkbares wagen. Etwas, das nur mit seiner Macht möglich ist.

Jedes Mal, wenn wir unser Leben in Gottes Hand legen, testen wir damit seine Macht. Für unsere Freiheit und Freude überschreiten wir Grenzen und bewegen uns jenseits unseres Komforts.

Habe ich gerade tatsächlich gesagt, dass man Risiken auf sich nehmen muss, wenn man Gottes Fülle erfahren will?

Ich finde es schön, dass Jesus uns verrät, woher der Überfluss kommen wird, bevor wir auf das Wasser gehen müssen. Es hängt nicht von uns ab, was dann passiert. Wir brauchen uns nur in seine Fülle zu begeben, uns auf seine Liebe zu verlassen, glauben, dass er aus jeder beliebigen Situation, aus jedem langweiligen Tag ein Abenteuer machen kann, das unser Leben umkrempelt. Es ist aber nicht so, dass wir blind drauflosstolpern und alle Vorsicht außer Acht lassen sollen. Nein, wir verlassen ganz bewusst das Boot und nehmen dabei das Risiko auf uns, das Gott von uns verlangt, ohne Rücksicht auf Verluste.

So wirkt der lebendige Geist Gottes in uns.

So sieht das Leben aus, das Gott für uns vorgesehen hat.

Ich will Jesus in meinem ganz normalen Alltag erleben, nicht erst, wenn ich in den Himmel komme. Meine aufrichtige Liebe zu ihm ist viel wichtiger, als dass ich als fromme Person erscheine. Und Menschen will ich so lieben, dass ich sie zu Gott führen kann, damit er sie heil werden lassen kann. Auch ich selbst brauche Heilung. Und ich will meinen Mitmenschen Gutes tun und mich nicht mit meinem eigenen Wohlbefinden zufriedengeben.

Spürst du, wie Gott dich auffordert, ein Risiko einzugehen?

Gibt es jemanden außerhalb deines üblichen Freundeskreises, der Unterstützung braucht? Hast du einen Fehler gemacht, den du besser eingestehen solltest?

Kannst du jemandem deine Hilfe anbieten?

Wer sein Leben für einen ewig liebenden, beständigen Gott riskiert, darf sich ganz sicher dabei fühlen.

Das Risiko von Heilung

Nachdem Jesus am Sabbat den Blinden geheilt hatte, schlug ihm viel Kritik entgegen. Die Menschen äußerten Zweifel, er wurde dafür gehasst und verurteilt. Doch er war das Risiko eingegangen, obwohl er wusste, dass es so kommen würde. Warum?

Tatsächlich hat er an diesem Tag etwas Außergewöhnliches getan: Er kniete nieder und vermengte Erde mit seinem Speichel. Das war am Sabbat ganz offiziell verboten.

Er wagte es trotzdem, etwas Gutes zu tun. Er setzte dafür seinen Ruf aufs Spiel. Er brüskierte damit seine Jünger, denn alle glaubten „Das ist Gott", doch wenn Jesus gegen die Gesetze verstieß und seine Jünger in diesem Augenblick überzeugt davon waren, dass er einen Fehler gemacht hatte, verweigerten sie ihm vielleicht die Gefolgschaft.

All das nahm er in Kauf, um einem einzigen Mann zu helfen.

Wir alle entscheiden tagtäglich, wem, wann und wie wir unsere Zuneigung beweisen. Oft begegnen wir Menschen, die Fehler machen, die am Ende sind. Es sieht manchmal so aus, als ob sie es nicht anders verdient hätten. Wie die frommen Menschen zu Jesu

Zeiten spielen wir uns dann als Richter auf, statt ihnen die Hand zu reichen und Gutes zu tun.

Jesus heilte ohne zu zögern den Blinden, allerdings musste dieser selbst zum Wasser laufen und sich die Erde aus den Augen waschen. Er ließ sich auf das Risiko ein, wieder Hoffnung zu haben. Und er war bereit, eine liebevolle Tat anzunehmen, durch die Mauern des eigenen Selbstschutzes hindurch, die er in Form einer Box um sich errichtet hatte.

Vielleicht gehörst du zu den Leuten, die dazu berufen wurden, ein großes Risiko einzugehen, eine Herausforderung anzunehmen, ihren Job zu wechseln, vielleicht im Ausland zu leben. Aber auch kleine Risiken sind bedeutend, wenn wir zum Beispiel ausruhen, obwohl manche Aufgaben und Sorgen unaufschiebbar scheinen. Oder wenn wir etwas vergeben, obwohl wir tief verletzt wurden. Oder immer noch Hoffnung haben, obwohl unser Verstand sagt, dass wir aufgeben müssten.

Manchmal sind diese kleinen Risiken sogar schwerer einzugehen als die großen. Insofern kann es manchmal leichter sein, einen großen, lebensverändernden Schritt zu tun, einer Berufung zu folgen, die ganz sicher von Gott kommt, als einem Freund zu verzeihen oder in kleinem Kreis etwas einzugestehen.

Der Blinde hat auch etwas gewagt. Ganz allein lief er nämlich an den Fluss und erlebte dort seine Heilung.

Doch anstatt diese wundersame Heilung zu bejubeln, ärgerten sich die Pharisäer, dass Jesus ein Gesetz gebrochen hatte. Ihr Blick und ihr Mitleid waren wie vernebelt, weil sie sich im Recht fühlten. Jesus war da anders. Er sagte ihnen: *„Ich bin in diese Welt gekommen, damit sich an mir die Geister scheiden. Die Blinden sollen sehen können, aber alle Sehenden sollen blind werden.“*[30]

Jesus verdeutlicht damit, dass es Menschen gibt, die alles

riskieren, um wirklich sehen zu können, während andere nur selbst meinen, den Durchblick zu haben – sie jedoch sind blind.

Menschen, die so „verblendet" sind, …

- halten sich für kompetent,
- meinen, alles besser zu wissen,
- wollen gern die Kontrolle behalten,
- brauchen niemanden,
- glauben, dass Gott ihnen besondere Rechte zugesteht, dass sie besser sind als andere,
- haben immer Lösungen für die Probleme anderer Leute parat.
- Menschen, deren Sehvermögen von Gott geheilt wurde,
- kennen ihre Schwächen,
- wissen, dass sie Fehler machen,
- kennen Gottes Macht,
- sehen Not leidende Mitmenschen und
- wissen um Gottes unbegrenzte Fähigkeit, alle Bedürfnisse zu erfüllen.

Jesus hat daran keinen Zweifel gelassen: *Ich bin zu den Kranken gekommen. Die, denen es gut geht, die bereits alles zu „sehen" meinen, brauchen keinen Arzt.*[31]

Jesus geht Risiken ein, um Menschen heil werden zu lassen, und das sollten wir auch tun.

Er hat viel riskiert und die menschengemachte Religion ignoriert, um einem Mann zu helfen. Insofern brauchen wir auch nicht mehr, dank dieser Geschichten, für den Rest unseres Lebens daran zu zweifeln, dass Gott sieht, wenn ein Einzelner Hilfe braucht. Gott geht für Heilung jedes Risiko ein.

Jesus riskiert etwas, damit wir heilen können, und diejenigen, die das erleben durften, sind dazu aufgefordert, genauso zu handeln. Auch wir sollen für die Heilung anderer Menschen mutig einstehen, uns für sie einsetzen, selbst und gerade wenn wir uns gar nicht so stark und mutig fühlen. Hauptsache, wir verlassen das Boot.

Viele Menschen haben die Kirche verlassen und sich von Gott entfernt, weil andere sie durch ihre religiösen Vorstellungen und Strukturen eingeengt oder ausgegrenzt haben. Sie fühlen sich nicht in der Lage, Gott zu dienen, weil andere es ihnen nicht zutrauen. Wir sollten aber nicht über sie urteilen, sondern zur Heilung beitragen. Christus in uns ist die Hoffnung für die Welt.

Alles zur Ehre Gottes

Unser Versuch, Brücken zur Überwindung der Rassendiskriminierung zu bauen, brachte für mich ein großartiges Geschenk mit sich, nämlich die Freundschaft mit Tasha Morrison. Kurz nach unserer bahnbrechenden Runde rief sie mich an.

„Jennie, wo bist du gerade?"

„Ich bin im Fitnessstudio", antwortete ich ihr.

„Bleib, wo du bist. Ich komme sofort zu dir."

Kaum hatte ich mich an einen Tisch gesetzt, stürmte Tasha herein, eine blau-weiße Riesentasche unter dem Arm. Sie wuchtete das Ungetüm auf den Tisch. Ich hatte keine Ahnung, was sie damit vorhatte. Tasha setzte sich, legte ihre Hände oben auf die Tasche und sah mir direkt in die Augen. Es war erst unsere zweite Begegnung, aber sie kam direkt zur Sache: „Jennie, du hast einen schwarzen Sohn und bist selber schrecklich weiß. Ich glaube, Gott hat mich in dein Leben gebracht, damit ich dir helfen kann, dich gut um deinen schwarzen Sohn zu kümmern."

Tasha muss sehr wohl bewusst gewesen sein, dass sie mich damit möglicherweise brüskierte. Ich war schließlich bereit dazuzulernen und gab mir Mühe, die bestmögliche Mutter für Cooper zu sein. Sie hatte aber recht mit ihrer Annahme, dass ich ihr nun aufmerksam zuhören würde.

Gemeinsam arbeiteten wir uns durch den Inhalt der Tasche. Sie hatte mir eine schwarze Perücke und Hautpflegeprodukte mitgebracht, von denen ich noch nie etwas gehört hatte, deren Sinn und Nutzen sie mir aber nun erklärte. Außerdem gab es Bücher, unter anderem über Martin Luther King jr., die davon erzählten, dass es ein Geschenk und ein Problem gleichzeitig ist, farbig zu sein.

Dann entdeckte ich einen Stapel Frauenmagazine für Farbige, *Ebony* und *Essence*. Verwirrt neigte ich meinen Kopf.

„Die sind doch offensichtlich nicht für Cooper, oder?"

Tasha aber nickte vehement: „Jennie, Cooper muss sehen, dass solche Hefte ganz selbstverständlich bei euch auf dem Kaffeetisch liegen. Menschen, die aussehen wie er, können erfolgreiche Künstler oder Unternehmer sein. So etwas gehört einfach in eure Wohnung und seine Wahrnehmung."

Ich brauchte tatsächlich jemanden wie sie, die es so gut mit uns meinte und mir half, meinen Sohn besser zu verstehen. Tasha war entwaffnend ehrlich und ich musste zugeben, dass sie Dinge wusste, die mir in meiner weiß geprägten Welt tatsächlich noch nie in den Sinn gekommen waren. Vermutlich hat sie für den Inhalt dieser Tasche 150 Dollar ausgegeben!

Wir wurden Freundinnen und begannen einander besser zu verstehen. Durch meine Beziehung zu Tasha habe ich viel gelernt. Es inspiriert mich, wenn ich sehe, wie beherzt sie Risiken eingeht, um Schranken zwischen Menschen unterschiedlicher Rassen zu überwinden. Fast jedes Mal, wenn wir uns treffen, gibt sie mir Dinge in die Hand, die mein Leben verändern.

Dieses Jahr haben wir beispielsweise zum ersten Mal einen Weihnachtsmann mit schwarzer Hautfarbe in unserer Familie begrüßt. Einen Farbigen – und das war gut! Natürlich ist mir vorher nie aufgefallen, wie weiß meine Welt war, bevor ich ein wenig Farbe hereinließ.

Es ist erstaunlich, was einem für Lichter aufgehen, wenn man den Austausch mit Menschen zulässt, die anders sind als man selbst. Ich lerne neue Wörter und Ausdrücke, es kommen neue Ideen, die ich ohne all diese Gespräche nie gehabt hätte. Meine Welt wird dadurch größer und weiter und ich bin ein anderer Mensch geworden.

Tasha zeigt mir Dinge, wie auch ich ihr Dinge zeige. Aber wir beide mussten uns bewusst dafür entscheiden, aufeinander zuzugehen. Sie hat etwas riskiert, weil sie davon überzeugt ist, dass Einheit und Vielfalt in unserem Leben von großem Wert sind. Und dabei muss jeder dem anderen seine Identität zugestehen, jeder muss sagen dürfen, was er denkt und fühlt. Oft bin ich dabei auch ins Fettnäpfchen getreten und war mir doch dann sicher, dass meine Freundin mich deswegen nicht verurteilen würde.

Gemeinsam können wir zur Ehre Gottes etwas riskieren.

Vielleicht muss es nicht das Überwinden von Rassenbarrieren sein, aber ich glaube, auf jeden wartet eine Aufgabe, für die es lohnt, sich mutig einzusetzen. Man muss nur herausfinden, was das ist.

Vor Kurzem hat mir eine Freundin erzählt, dass sie im Supermarkt eine Frau mit zwei Kleinkindern auf der Hüfte sah, die dann beim Einkaufen hörte, wie ein Mann sagte: „Ich glaube nicht an Gott."

Sie ging weiter und spürte, dass Gott sie anstupste, *sich umzudrehen und ein Gespräch mit ihm anzufangen. Er brauchte offensichtlich jemanden, der für ihn betete.* Aber die Frau hatte ja die Kleinkinder auf dem Arm. Mitten im Supermarkt.

Was hätte Jennie Allen in dieser Situation gemacht? Ich hätte vermutlich gedacht, *Meine Güte, jetzt nicht*, wäre hektisch weitergeeilt und hätte keinen weiteren Gedanken daran verschwendet. Außer vielleicht, wenn der Heilige Geist mich auf seine liebevolle Art angehalten und mir die Chance gegeben hätte, noch einmal darüber nachzudenken.

Die Frau im Supermarkt ging zunächst auch weiter, aber der Gedanke, dass sie mit dem Mann Kontakt aufnehmen musste, ließ sich wohl nicht abschütteln. Zögernd kehrte sie mit ihren beiden Mäusen zu ihm zurück. Sie sah den Mann an. „Entschuldigung, aber sagten Sie nicht gerade, dass Sie nicht an Gott glauben?"

Er darauf: „Ja, ganz richtig. Ich glaube nicht an Gott."

Sie antwortete: „Irgendwie habe ich das Gefühl, dass ich für Sie beten sollte. Wäre das okay für Sie? Auch wenn das jetzt ein bisschen seltsam klingt?"

Und er sagte: „Aber bitte, warum nicht."

Und dann stand sie mitten im Supermarkt, hielt ihre beiden Kleinkinder auf dem Arm und betete für diesen Mann. Als sie aufsah, hatte er Tränen in den Augen, und sie fragte: „Warum glauben Sie nicht an Gott?"

„Weil er noch nie etwas für mich getan hat."

Sie sagte: „Tja, nun hat er mich und meine Kinder gerade dazu aufgefordert, hier mit Ihnen zu reden und für Sie zu beten. Das ist also kein guter Grund mehr."

Und sie redeten weiter über Gott und das Leben, mitten im Supermarkt, und er öffnete sich für Gott.

Gott wünscht sich, dass solche Begegnungen im Supermarkt

stattfinden, aber auch Essenseinladungen, bei denen alle zunächst verlegen herumsitzen. Er will an glücklichen Bürotagen teilhaben und an Zeltlagern.

Manchmal schleicht sich ein Gedanke wie zufällig ein in unser Leben, der vom Heiligen Geist eingegeben ist, und dann verwandelt dieser das Leben unserer Mitmenschen ebenso wie unser eigenes.

Wir können so viel gewinnen, wenn wir anderen helfen zu heilen.

Jenseits unserer Vorstellungskraft

Unsere Gruppe zum Brückenbilden zwischen verschiedenen ethnischen Herkünften traf sich weiterhin monatlich, ohne dass jemand von uns ahnte, was in unserem Land passieren würde. Die Unruhen und Spannungen in Ferguson und Missouri standen kurz bevor, ebenso eine Reihe anderer Ereignisse, die zeigten, wie viel Konfliktpotenzial unter der Oberfläche der heterogenen amerikanischen Gesellschaft verborgen lag.

Als naive Weiße hätte ich niemals gedacht, dass in unserer Welt noch so viel Rassismus grassiert. Aber unsere Gespräche öffneten mir die Augen, und dann folgte Ferguson.

Ist es nicht bemerkenswert, dass Gott vor dieser Tragödie einige Menschen miteinander bekannt machte, die bewusst damit begonnen hatten, einander ihre Zuneigung zu zeigen und gleichzeitig knallharte Gespräche zu führen?

Gott wusste alles schon vorher.

Am 6. Februar 2015 fand unser zweites *IF:Gathering* statt. Einige Frauen aus unserem Gesprächskreis, unter anderem Tasha Morrison, standen auf der Bühne vor Hunderttausenden von Zuschauerinnen, die von den Spannungen zwischen den Rassen geschockt waren, und zeigte ihnen, wie man ehrlich und mutig miteinander ins Gespräch kommt.

Tausende schlossen sich der Bewegung „Be the Bridge“ an, um in ihren Städten Gruppen zu bilden, zu denen Angehörige aller Rassen gehörten. Und bis heute beobachten wir, wie Gott dies nutzt, um auf diese Weise die Welt zu verändern.

Und alles fing damit an, dass eine einzelne Frau, Kim, uns zu einem Essen einlud.

Vielleicht fragst du dich auch manchmal, wenn Gott doch so großzügig ist, warum wir dann seine Großzügigkeit nicht überall in unseren Leben wirken sehen? Doch so vieles fließt reichlich, Gott will der durstigen Welt von seinem Wasser geben, wir brauchen nur unsere Komfortzone zu verlassen und dorthin zu gehen, wo die Brunnen leer sind.

Wir sind blind gewesen und können jetzt sehen, wir dürfen mit unseren leeren Gefäßen ans Wasser laufen und uns dort die Augen waschen.

Ich persönlich wünsche mir diese Klarsicht. Ich will nicht in Unkenntnis leben von Gottes wunderbarer Geschichtsschreibung über Heilungen und schöne Ereignisse, die direkt neben mir passieren. Wie wir das bewerkstelligen können? Wir müssen nur den sicheren Bereich verlassen, der unseren persönlichen Komfort garantiert, wie auch immer wir uns darin eingerichtet haben. Wir brauchen nur hinauszutreten in die Welt und zusehen, wie Gott alle unsere Vorstellungen weit übertrifft.

Zur Ruhe kommen

„Jesus sah sie an und sagte: ‚Für Menschen ist es unmöglich, aber für Gott ist alles möglich!'"

Matthäus 19,26

Wer nichts und niemandem mehr etwas zu beweisen braucht, hat viel mehr Freude daran, zur Ehre Gottes ein Risiko einzugehen. Genau wie Jesus seinen Ruf aufs Spiel setzte, um einem Mann zu helfen, fällt es auch dir leichter, um dich herum Menschen zu sehen, die dich brauchen, wenn du weniger Angst hast und nicht alles im Griff haben musst.

Ein Gedanke

Fällt dir ein kleines oder großes Risiko ein, das du zur Ehre Gottes oder zum Wohl der Menschen eingehen würdest?

Vertiefung

Besuch nächsten Monat einmal einen Gottesdienst einer anderen Gemeinde oder anderen Konfession. Was war besonders an dieser Erfahrung?

Idee für den Alltag

Wie viele Freundinnen hast du? Inwiefern haben diese Freundschaften dich verändert? Gibt es Menschen, die dich einschüchtern? Mit wem willst du lieber nichts zu tun haben? Was findest du an manchen Menschen unangenehm?

Triff dich diese Woche mal mit Leuten, die anders sind als du. Vielleicht zum Essen.

Du und andere

Lade Menschen zum Essen ein, die sich in ganz verschiedenen Lebenssituationen befinden. Es können Menschen unterschiedlicher ethnischer Herkunft sein, mit anderen Glaubensansichten, in allen möglichen Alters- und Lebensphasen. Versucht, gemeinsam folgende Fragen zu beantworten:

1. Was haben wir eigentlich alle gemeinsam?

2. Was zeichnet uns aus und was können wir voneinander lernen?

3. Woher kommen die Unterschiede zwischen uns eigentlich?

4. Was sind unsere Werte, wofür sollten wir Verständnis aufbringen?

9.
Nicht länger ängstlich

Warum du deinen Blick ändern musst, um neu zu hoffen

nach Johannes 11

Irgendwie hatte ich geahnt, dass er nicht kommen würde. Es war ein grauer Tag mit leichtem Regen, als ob der Himmel mit uns trauerte. Martha hatte noch Hoffnung, sie hörte nicht auf, den Weg, der in unser Dorf führte, anzustarren, aber ich sah, dass Lazarus die Lebenskraft verließ. Alle unsere Bemühungen, Kontakt zu Jesus aufzunehmen, waren gescheitert. Sicherlich hatte er die Nachricht erhalten, aber bisher war er nicht aufgetaucht.

Er kam nicht.

Es war erst wenige Monate her, dass ich zu seinen Füßen gesessen hatte, von einer überwältigenden, ungewohnten Überzeugung durchdrungen: Ihm kann ich vertrauen. Auch jetzt, in diesem Augenblick, versuchte ich, Vertrauen aufzubringen, aber meine Hoffnung bröckelte unaufhaltsam. Entweder wusste er Bescheid und wollte das Wunder aus irgendeinem Grund nicht tun, oder er war doch nicht so mächtig, wie ich geglaubt hatte.

Beide Möglichkeiten jagten mir Angst ein. Unser Leben drehte sich inzwischen vollständig um Jesus. Jedem in unserem Dorf hatten wir erzählt, für wen wir ihn hielten. Die meisten Leute hatten uns daraufhin für verrückt erklärt, damit konnte ich leben. Aber was, wenn er doch nicht der Messias war? Oder wenn wir ihm einfach nicht genug bedeuteten?

Was, wenn Lazarus stirbt … Martha und ich hatten niemanden außer ihm. Wir waren zwei unverheiratete Frauen ohne Vater oder Mutter. Wie sollten wir für uns sorgen? Wer würde uns schützen? Martha und ich waren stark, aber dafür reichte unsere Kraft nicht.

Alles, was wir tun konnten, hatten wir getan. Nun blieb nichts als beten und Gott bitten, dass er ihn verschonte.

* * *

Unser Bruder ist heute noch gestorben.

Das Leben, wie wir es gekannt hatten, war nun vorbei. Unser lieber junger Bruder war nicht mehr bei uns. So traurig ich über seinen Verlust war, es mischte sich auch noch Ärger dazu, dass wir uns falsche Hoffnungen gemacht hatten – auf einen Erlöser, auf himmlische Mächte, auf einen guten Gott mit einem großartigen Plan. All diese Hoffnung starb mit meinem Bruder. Es fühlte sich an, als ob die Grundfesten meiner Existenz auseinanderbrächen.

Die traditionellen Trauerrituale begannen und Jesus kam immer noch nicht. Jeder Tag, der vorbeiging, ohne dass er da war, nährte meine Zweifel und jegliche Grundfesten meiner Überzeugung verließen mich.

Schließlich, nach vier Tagen, hörte ich seine Stimme. Martha lief zu ihm und fragte, wo er gewesen sei.

Dann kam er auf mich zu. Wortlos sah ich ihn an. Meine Tränen sagten alles. Ich sah ihm in die Augen und auch er weinte. Das zerstreute immerhin einen Teil meiner Ängste. Zumindest liebte er uns noch.

Dann wendete er sich dem Grab zu und bat darum, dass der Stein davor weggerollt wurde. Was sollte das? Was konnte er denn jetzt noch ausrichten?

Er hob seinen Blick gen Himmel. „Bitte erhöre mich. Ich weiß, dass du mich hörst, aber meine Freunde hier sollen es auch wissen." Es fühlte sich an, als könnte er mir direkt in die Seele schauen, wo all die Zweifel mich tagelang gequält hatten – dieses Gebet sprach er irgendwie für mich. Er wusste, dass ich nicht mehr an Gott glaubte, an seine Güte und Allmacht. Es war, als könnte Jesus meinen erschütterten Glauben sehen.

Und dann ... dann ... rief er meinen Bruder.

Mir verschlug es den Atem und ich sackte zusammen. In seine Leichentücher gewickelt trat Lazarus vor uns. Mein toter Bruder kam wieder heraus ins Tageslicht.

Jesus hat an diesem Tag nicht nur meinen Bruder wieder lebendig gemacht; er hat auch mich wieder zum Leben erweckt. Mein Glaube kehrte zurück und meine lähmende Angst löste sich, als er diese machtvollen Worte sprach.

Wenn Jesus den Tod besiegen konnte, dann war alles möglich.

Ich werde nie wieder an ihm zweifeln.

Er ist gekommen, um die Welt zu erlösen. Und er hat ganz sicher die Macht dazu.

Von dem Vertrauen, mehr zu sehen, als vor Augen ist

Das Herz einer meiner besten Freundinnen hat aufgehört zu schlagen – und nicht nur einmal. Tatsächlich hat meine Freundin Julie Manning Lazarus noch übertroffen. Sie ist dem Tod dreimal von der Schippe gesprungen. Mehrmals musste sie schon wiederbelebt werden, weil sie Probleme mit dem Herzen hat.

Julie verbringt viel Zeit mit mir, und nachdem wir eines Tages die Geschichte von Lazarus zusammen mit Hunderten anderer Frauen bearbeitet hatten, saßen wir in meinem Auto auf dem Parkplatz und ich durfte mich mit einer Person über den Tod unterhalten, die ihm täglich ganz nah war. Als wir den Abend Revue passieren ließen, meinte sie: „Jennie, hast du dich schon einmal gefragt, ob Jesus an diesem Abend geweint hat, weil er Lazarus aus dem Himmel zurückholen musste?"

Ich starrte meine Freundin an, die dem Tod schon so oft ins Auge geblickt hatte und deren angegriffenes Herz ihr jeden Tag den Eintritt in den Himmel bescheren konnte, und mir wurde bewusst, dass ihr Blickwinkel ähnlich war wie der von Jesus. In ihrem Herzen hatte meine Freundin keine Angst mehr vor dem Tod, sondern sie verspürte regelrecht Sehnsucht nach dem Himmel.

Wenn wir wirklich glauben, nach dem Leben komme noch das Beste, warum sollten wir dann Angst haben? Wenn wir nur glauben könnten, dass wir nach dem Tod nichts zu befürchten haben, bin ich überzeugt, dass uns das Leben leichter fallen würde. Natürlich gibt es dann immer noch Herausforderungen. Zeiten des Leids. Es kann sogar so dunkle Zeiten geben, in denen wir uns nach dem Tod sehnen. Aber ohne unsere schreckliche Angst vor dem Tod könnten wir uns voll und ganz dem Leben widmen.

Denn solange wir uns am Leben festklammern und meinen, alles im Griff haben zu müssen, verlieren wir uns. Wir haben Träume für unser Leben, für das Leben unserer Kinder, unsere Karrieren, unsere Aufgaben und Freundschaften. Natürlich gehen damit auch Erwartungen einher, was in unserem Leben alles passieren wird. Aber wenn all unsere Hoffnung an der Erfüllung dieser Träume hängt – Vorsicht! –, dann werden sie garantiert enttäuscht werden. Denn auch wenn viele dieser Träume irgendwann Realität werden, erfüllen sie unsere Seele doch nicht so, wie wir es gehofft haben.

Wir versuchen stets, Leid zu vermeiden – aber leidvolle Erfahrungen sind auch wichtig. Im Römerbrief, Kapitel fünf, steht, dass wir im Leid Ausdauer erlernen können und dadurch Hoffnung und Freude finden! Daher können sich auch die meisten Menschen, die viel durchlitten haben, besonders freuen. Jesus fordert uns auf zu einem bescheidenen, demütigen Leben. Das Leben reicht nicht, um uns auszufüllen, aber Jesus erfüllt uns mit allem, was wir brauchen.

Julies Haus hat in den vergangenen Jahren aus verschiedenen Gründen viermal unter Wasser gestanden. Am schlimmsten war der Wasserrohrbruch. Das ganze Erdgeschoss, alle Möbel waren ruiniert. Sie, ihr Ehemann John und die Kinder mussten vorübergehend ausziehen und in einer winzigen Wohnung ausharren, bis ihr Haus saniert war.

Natürlich haben ihre Freunde sich Sorgen gemacht, aber sie hat mit ihrer süßen Stimme immer nur versichert, es sei schon in Ordnung.

Wir aber sagten: „Julie! Du musstest gerade dein Haus verlassen, all deine Besitztümer sind durchnässt und nur die Hälfte wird von der Versicherung erstattet!"

Sie lächelte weiterhin und meinte voller Überzeugung und aufrichtig: „Ach, Jennie, das wird bestimmt wieder in Ordnung kommen."

Irgendwie hat ihr die tägliche Gewissheit um die Präsenz des Todes, dass sie von jetzt auf gleich bei Jesus sein wird und sie schon bald in ihr ewiges Zuhause einziehen wird, eine andere Perspektive eröffnet. Sie hängt nicht mehr so an ihrem irdischen Leben.

Unsere Träume für unser Leben hier auf der Erde zerplatzen oder gehen in Erfüllung, aber im Vergleich zur der Begegnung mit Christus ist das alles irrelevant. Wie der Apostel Paulus sinngemäß sagt, alle Träume hier auf Erden, ob sie nun enttäuscht oder erfüllt werden, sind sinnlos; das Einzige, was zählt, ist, dass wir Christus finden und von ihm gefunden werden.[32]

Können wir einer solchen Haltung einfach so zustimmen?

Manchmal fürchte ich, ich bin noch ziemlich weit davon entfernt. Ich vertraue Gott nicht in derselben Weise, wie Julie das kann. Wie geht es dir damit? Hätten wir diese Einstellung, wären wir doch so viel freier. Warum? Weil wir dann wüssten, dass wir heute schon frei sind. Nichts auf dieser Welt könnte uns dann aufhalten.

Und das sagen die, die Jesus gefunden haben und von ihm gefunden wurden:

- Wir brauchen uns nicht zu sorgen um ein perfektes Leben, denn im Himmel wartet ein perfektes ewiges Leben auf uns.
- Wir sind befreit von Scham und Schuld, denn uns wurde alles vergeben.
- Wir brauchen keine Angst zu haben, denn was müssen wir fürchten? Gott ist mit uns.
- Wir dürfen aufhören, ängstlich zu sein, denn Angst hat keine Macht über Menschen, die selbst das Schlimmste, was kommen kann, nicht umwirft.

Vor einiger Zeit waren Julie und ich zusammen essen. Damals drückte mein „Rucksack" mich noch ziemlich nieder. Ich fühlte mich immer mehr desillusioniert. Wo ich auch hinsah, mussten die Menschen, die mir viel bedeuteten, leiden. Zweifel und Ängste beherrschten mich.

Wo war Jesus in dieser Dunkelheit? War er überhaupt stark genug, um uns zu beschützen? Meinte er es etwa nicht gut mit uns?

„Julie, bist du hundertprozentig sicher, dass es ein Leben nach dem Tod gibt?"

Sie sah mich an, als wäre ich verrückt geworden. „Natürlich, Jennie. Das steht hundertprozentig fest."

Ihr Herz war so schwach, dass Gott sie jeden Tag zu sich holen konnte, jede Sekunde konnte es so weit sein. Aber sie hatte wirklich keinerlei Zweifel, und das beruhigt mich bis heute.

Wer den Tod nicht mehr fürchtet, hat auch sonst keinen Grund, sich noch Sorgen zu machen. Überschwemmungen, Kleinkinder, finanzielle Schwierigkeiten, Verlust des Hauses … das sind dann alles keine großen Gründe zur Aufregung mehr. Und Julie lässt sich selbst von schlimmen Herausforderungen nicht erschüttern, nichts kann ihr die Hoffnung und Zuversicht nehmen, die ihr alles bedeuten. Ihr Glaube hat mich gestärkt.

Wie sich Gutes im Leid entdecken lässt

Kann es sein, dass diese Überschrift deine Welt ins Wanken bringt? Am liebsten würde ich jetzt zwei Stühle bereitstellen und einen Kaffee kochen. Denn dann würde ich dir, liebe Leserin, den Arm um die Schultern legen, dich kurz drücken, mit dir weinen und beten. Und ich würde dir einfach mal zuhören, anstatt selber zu erzählen.

Es tut mir leid, ich hasse es, andere leiden zu sehen. Ich finde es schlimm, dass es auf dieser Welt so viel Schreckliches gibt. Eine meiner besten Freundinnen hatte einen Schlaganfall und kann immer noch nicht wieder sprechen. Mein achtjähriger Sohn hat Freunde in Ruanda, die auf der Straße leben. Ich finde es schrecklich, dass einige Menschen in meinem Bekanntenkreis an Krebs erkrankt sind. Besonders scheußlich ist es, wenn Kinder Missbrauch erleiden. Ich hasse den Tod. Ja, ich hasse ihn! All das ist furchtbar!

Und ich bin sicher, dass es Gott genauso geht.

Wir leben in einer verkommenen, kranken Welt. Sicher ist es nicht unsere Aufgabe, in all diesem Leiden einen Sinn zu sehen – das können wir gar nicht. Aber wir brauchen vor dem Leid keine Angst zu haben.

In der Geschichte von Lazarus lesen wir, dass Jesus einige der liebsten Menschen, die er auf der Welt hatte, mit dem Tod konfrontierte. Vier lange Tage mussten sie in dieser Dunkelheit ausharren. Sie wussten nicht, ob er zu ihnen kommen würde. Sie verloren die Gewissheit, dass er sie liebte, dass er ein mächtiger Beschützer für sie war.

Warum tat er das? Er sagt: *„Doch euretwegen bin ich froh, dass ich nicht bei ihm gewesen bin. Denn nun könnt ihr lernen, was Glauben heißt."*[33]

Glaube wächst durch Leid, aber nur, wenn wir das zulassen und uns dabei auf Jesus verlassen. *„Der Himmel verkündet Gottes Hoheit und Macht."*[34] Und ich glaube, dass das Leid in uns die Sehnsucht erst weckt nach dieser Hoheit, und zwar auf eine Art und Weise, wie es niemals sonst sein könnte, wenn unser Leben nur in geordneten Bahnen verliefe.

Jesus verfolgt einen Plan mit unserem Leid, aber der ist oft schwer zu erkennen, wenn wir gerade im Dunklen ausharren.

Jesus hat einige seiner besten Freunde an den dunkelsten Ort geführt, an ein Grab, damit durch die strahlende Wahrheit Hoffnung und Glauben wachsen können.

Das ist gar nicht so einfach zu akzeptieren. Denn oft, wenn ich an diese dunklen Orte meiner Lebensgeschichte komme oder miterlebe, dass unser Gott uns Schmerz und Leid nicht erspart, macht mir das Angst.

Ich habe Angst und frage mich, ob er es überhaupt gut meint?

Ich habe Angst und frage mich, ob es überhaupt in seiner Macht steht?

Ich habe Angst und frage mich, ob er uns denn überhaupt liebt?

In solchen Phasen falle ich oft wie in eine Art Betäubungszustand, der meine Angst erträglich macht. Aus reiner Verzweiflung stumpfe ich ab, nur um diesen Schmerz nicht spüren zu müssen.

Das ist menschlich. Wir tun das oft, wenn wir mit der Dunkelheit nicht umgehen können; der Dunkelheit in unserem Inneren und um uns herum. Unsere Herzen werden müde, wenn wir

Verletzungen aushalten müssen, und es scheint leichter zu sein, einfach abzuschalten. Dabei fallen wir nur auf die Lüge herein, dass das Leben schmerzfrei sein muss. Aber wenn wir ein Tal durchschreiten, suchen wir plötzlich nach Gott, nicht etwa nur nach Ideen, sondern nach ihm selbst. Und dann ist er da, jenseits unserer Vorstellung eines perfekten, immer nur angenehmen Lebens.

Gott nutzt unsere Gefühle, um die Sehnsucht nach ihm und dem Himmel in uns zu wecken. Gefühle sind wie ein Kompass. Wir sollten sie nicht ignorieren, wir sollten uns nicht in ihnen verlieren, sondern uns an die Orte führen lassen, wo Gott uns begegnet und wo wir gebraucht werden.

Jesus hat einen Plan, der auch Leid einschließt, und wir sollten nicht versuchen, unser Leben immer nur schön, sicher und ordentlich zu halten. Seine Pläne erfüllen sich auch gerade dann, wenn es uns wehtut. Wir dürfen uns ihnen stellen, denn Jesus ist immer bei uns.

Vielleicht fragst du dich jetzt, *was das mit meinem Alltag zu tun hat? In meinem persönlichen Umfeld liegt niemand im Sterben. Ich bin bloß keine gute Freundin, ich mache meine Arbeit nicht gut, ich bin keine gute Mutter oder werde einer anderen verantwortungsvollen Aufgabe nicht gerecht.*

Nun, Jesus kann den Tod besiegen, und das sagt alles darüber, wie er auch zu unseren kleinen, alltäglichen „Toden" steht: Er kann uns von all unseren Ängsten befreien. Das Evangelium handelt von Toten, die wieder lebendig werden. Aber: Wir können uns nicht selbst wieder zum Leben erwecken. Wir können ja nicht einmal unser Verhalten steuern. Wir sind Enttäuschungen, Ängsten und Trauer, aber auch unserem Streben nach Freiheit, Freude und Liebe ziemlich wehrlos ausgeliefert.

Insofern muss unsere Seele auf radikale Weise wieder neu zum Leben erweckt werden.

Wenn es irgendetwas auf der Welt gibt, was ausdrückt, wie unzureichend wir sind, dann ist es der Tod. Hat man schon mal einen Toten gesehen, der sich aufrichtet und aus dem Grab steigt? Nein, tot ist tot. Der Tod versetzt uns endgültig in einen ohnmächtigen Zustand. Wir können nichts dagegen tun. Er beendet das Leben. In Epheser 2 steht, dass wir alle tot sind durch unsere Sünde. Es gibt keine Hoffnung für uns. Keinen Ausweg. Nur den Tod.

Anschließend folgen zwei Worte, die alles verändern:

„Aber Gott."

Wir haben zwar keine Macht über den Tod … *aber Gott* hat sie.

Wir können zwar nicht vermeiden, dass wir Fehler machen … *aber Gott kann das.*

Wir können aus eigener Kraft nichts verändern … *aber Gott.*

„Aber Gottes Barmherzigkeit ist groß … Er hat uns so sehr geliebt, dass er uns mit Christus neues Leben schenkte."[35]

Ich gehe davon aus, dass niemand dieses Buch hier gekauft hat, weil er gern die schlimmsten Augenblicke seines Lebens erleben möchte: das Leid, den Schmerz, all die Herausforderungen, Konflikte und schweren Zeiten.

Aber was wäre, wenn wir durch das krampfhafte Vermeiden all dieser Katastrophen auch das Beste im Leben verpassen?

Alles oder nichts?

Meine Schwester Katie ist unglaublich kreativ. Sie arbeitet als Designerin und hat eine tolle gestalterische Begabung. Unter ihren Händen entstehen schöne Dinge, ohne dass sie sich groß anzustrengen braucht.

Vor Kurzem saßen wir in ihrer wunderschönen Küche und aßen Pizza, während unsere Kinder draußen auf der Wasserrutsche spielten. Einige Monate zuvor hatte sie ein renovierungsbedürftiges Haus gefunden und, nun ja, sie hatte es renoviert! Das Haus war urgemütlich und in jeder Hinsicht perfekt.

An diesem Tag dachte meine Schwester laut über etwas nach, was mir nun sehr zu schaffen macht. „Jennie, ich habe ein tolles Haus. Ich habe wunderbare Kinder. Ich bin so glücklich im Moment – und habe gleichzeitig Schuldgefühle. Ist es okay, dass ich so glücklich bin?"

Diese Frage beschäftigte mich. Was sollte ich darauf antworten?

Ein paar Monate später begann die schöne Welt meiner Schwester einzustürzen. Ich saß mit ihr auf einem Bordstein vor einem Restaurant, als ein fünfminütiger Anruf – paff – ihr Leben für immer veränderte.

Seitdem telefonieren wir täglich miteinander, wenn wir nicht sowieso zusammen sind, manchmal fünfmal am Tag. Oft rufe ich sie an und sie liest in der Bibel, wenn sie nicht mit den Kindern zusammen ist. Immer sage ich: „Oh, ich will dich nicht stören, wenn du in der Bibel liest." Und sie sagt: „Ist schon okay. Ich lese immer in der Bibel." Als wir Weihnachten zusammen feierten, steckte sie jedes Mal, wenn ich sie suchte, mit ihrer Bibel und einem Tagebuch in ihrem Zimmer.

Sie sagte mir: „Jennie, sein Wort ist jetzt meine Hoffnung. Der Himmel ist mein Zuhause. Mit diesen Worten stehe ich morgens auf, ich trauere mit ihnen und ich passe damit auf meine Kinder auf."

An einem verregneten Tag fuhren wir in ihr hübsches neues Haus, um ihre letzten Sachen zusammenzupacken, bevor das

Haus zum Verkauf angeboten wurde. Obwohl sie keine Schuld daran trug, begann sie nun ein Leben ohne Job, fern von ihrer Gemeinde, ohne ihre Freunde, ohne ihre Kirche, ohne ihren Ehemann. Das Gefühl, sie als ihre große Schwester beschützen zu müssen, war bei mir stark ausgeprägt. Ich machte mir so schreckliche Sorgen.

Als ich an diesem Tag am Steuer saß, starrte sie schweigsam aus dem Fenster. Dann drehte sie sich plötzlich zu mir um und sagte etwas, was mir bis heute nachgeht: „Jennie, ich bin gesegnet dadurch, dass ich alles auf einmal verloren habe. Nun habe ich nichts mehr auf der Welt, außer Gott – und das ist genug. Für den Rest meines Lebens brauche ich nur ihn und mit ihm wird es mir gut gehen."

Meine Schwester erinnert mich an den Apostel Paulus:

„Ob ich nun wenig oder viel habe, beides ist mir durchaus vertraut, und ich kann mit beidem zufrieden sein: Ich kann satt sein und hungern; ich kann Mangel leiden und Überfluss haben."[36]

Was war sein Geheimnis?

Alles kann ich durch Christus, der mir Kraft und Stärke gibt.[37]

Anders ausgedrückt: Wenn wir einen Mangel leiden oder spüren, glauben wir, dass Jesus genug ist. Gottes Gnade macht es zwar möglich, dass all unsere Träume hier auf Erden wahr werden, aber sie enttäuschen uns oft, und nichts außer Gott selbst wird uns je mit Befriedigung erfüllen. Insofern ist es ebenso Gottes Gnade zu verdanken, wenn wir alles verlieren und dennoch erkennen, dass er für uns sorgt.

Jesus zu folgen, macht glücklich in diesem Sinne; zumindest rückblickend gesehen. Glück, Furchtlosigkeit und Freiheit werden uns geschenkt, wenn wir Dinge wagen, die wir normalerweise zu vermeiden suchen.

Ich mag es, wie Jesus in den Seligsprechungen in Matthäus 5 jede Zeile mit dem griechischen Wort *makarios* beginnt. Das Wort wird oft mit „glücklich" übersetzt.

Jesus sagt hier, wer sich alles glücklich schätzen darf:

Glücklich sind, die erkennen, wie arm sie vor Gott sind, denn ihnen gehört sein himmlisches Reich.

Glücklich sind, die über diese Welt trauern, denn sie werden Trost finden.

Glücklich sind, die auf Frieden bedacht sind, denn sie werden die ganze Erde besitzen.

Glücklich sind, die Hunger und Durst nach Gerechtigkeit haben, denn sie sollen satt werden.

Glücklich sind, die Barmherzigkeit üben, denn sie werden Barmherzigkeit erfahren.

Glücklich sind, die ein reines Herz haben, denn sie werden Gott sehen.

Glücklich sind, die Frieden stiften, denn Gott wird sie seine Kinder nennen.

Glücklich sind, die verfolgt werden, weil sie nach Gottes Willen leben; denn ihnen gehört sein himmlisches Reich.

Vielleicht denkst du jetzt: Na, zu solch einer Sorte glücklicher Menschen will ich gar nicht gehören. Das verstehe ich, diese Antwort ist mir auch schon in den Sinn gekommen.

Aber es führt kein Weg daran vorbei: Jeder Einzelne von uns wird irgendwann in seinem Leben Schwierigkeiten gegenüberstehen, unter Druck geraten, Trauer und Schmerz erfahren. Wohin werden wir uns dann wenden?

Glücklich sind, die frei sind.

Glücklich sind die, die sich nicht von dieser Welt abhängig machen, deren Hoffnung auf den Himmel gerichtet ist.

Glücklich sind, die keine Angst haben, auf Erden etwas zu verlieren, weil ihre Hoffnung nicht hier stehen bleibt. Glücklich sind die, die Leid erleben und wissen, dass Jesus bei ihnen ist.

Glücklich sind die, die Gott brauchen und ihn finden!

Oswald Chambers hat einmal geschrieben: „*Es sieht nur so aus, als ob Gott sein Ziel verfehlt; in Wirklichkeit liegt es an unserer Kurzsichtigkeit, dass wir gar nicht erkennen, worauf er es abgesehen hat.*"[38]

Gott zielt auf unsere Freiheit und unsere Errettung ab, aber wie wir dahin kommen, verstehen wir oft selber nicht.

Als meine Schwester durch diese schweren Zeiten ging, sah ich sie blinzelnd dort stehen, wie sie nach Luft rang, und hätte am liebsten auf etwas eingeschlagen. Am liebsten hätte ich sie eingehüllt in ein Meer von Licht und die Leidenszeit einfach übersprungen. Aber sie hätte das gar nicht wirklich gewollt. Sie würde sagen, dass sie Gottes Atem regelrecht gespürt hat. Dass sie jetzt weiß, wie real er ist.

Die meisten von uns wollen nicht leiden, aber wenn ich einige Menschen, die mir viel bedeuten, eine Leidenszeit durchmachen sehe, muss ich zugeben, dass es auch mir und uns allen guttun würde, so etwas einmal zu erleben und das Gefühl zu haben, dass wir Gott wirklich brauchen.

Es hat mich persönlich sehr getröstet zu erkennen, dass Jesus nicht den Glauben von Maria und Martha testen, sondern ihnen seine Macht unter Beweis stellen wollte.

* * *

Vielleicht leidest du persönlich schon mehr, als ich es mir vorstellen kann, jetzt, in diesem Augenblick. Das tut mir so leid.

Ich habe auch keine einfachen Antworten darauf. Ich habe keinen Zettel, den man sich anheften kann und auf dem steht:

„Du solltest dich jetzt besser fühlen und an Gott glauben, weil

…………………………………………………………………………………….“

Nein, so leicht geht das nicht. Aber ich glaube, dass Jesus allen Menschen, die in Not sind, Hoffnung schenkt, und dass uns das durch schwere Zeiten hilft. Daran glaube ich ganz fest.

Auch wenn es mir manchmal selbst schwerfällt.

Es fällt mir besonders schwer, wenn jemand, der mir lieb ist, in diese Hölle gerät, auch wenn dabei der Himmel aufbricht. Ich habe es erlebt und mit eigenen Augen gesehen. Sarah Henry, die Freundin, die sich seit drei Jahren von einem schweren Schlaganfall erholt, vergießt jedes Mal Tränen, wenn ich ihr von den vielen Leuten berichte, die mir versichert haben, dass sie Christus erst vertrauen, seit sie sie kennengelernt haben. Seit sie den Schlaganfall hatte, kann sie nicht mehr sprechen, aber ich sehe ihre Freude. Selbst ohne ihre Stimme hat sie mehr Menschen von Jesus begeistert als die meisten von uns. Aber obwohl ich sie vor Augen habe, verstehe ich oft nicht, wie all das Schwere zu etwas Gutem führen kann. Immer wieder sage ich zu Gott: Ich begreife es einfach nicht … Aber an wen sonst soll ich mich wenden, außer an dich?

Ich muss mich an den Einzigen halten, der mit dem Tod zurande kommt. Vermutlich ist es so, dass er uns ins Leid und in den Schmerz stößt, weil er weiß, dass wir durch diese kleinen und großen „Tode“ ganz sicher um seine Hilfe bitten und verzweifelt nach ihm rufen werden!

Und dann ist er da, und die Geschichten, die er schreibt, enden gut. Es gibt auch düstere Kapitel, aber die gehören zu allen guten Geschichten, nur so kann es auch wieder richtig hell werden.

Er sichert uns zu, dass wir ohne Furcht leben dürfen – weder Dunkelheit noch Tod oder sonst eine Gefahr können uns etwas anhaben.

Unser Gott wird uns in eine Welt bringen, wo es kein Leiden mehr geben wird, wir alle werden dorthin kommen. Daran dürfen wir uns immer festhalten. Er hasst den Tod. Er hasst die Sünde. Er hasst den Schmerz. Er wird all das zerstören. In der Zwischenzeit setzt er sie für einen bestimmten Zweck ein, und eines Tages werden wir erkennen, wie gut sein Plan von Anfang an war.

Zur Ruhe kommen

„Auch wenn es durch dunkle Täler geht, fürchte ich kein Unglück, denn du, Herr, bist bei mir. Dein Hirtenstab gibt mir Schutz und Trost."

Psalm 23,4

Seit einiger Zeit hat es den Anschein, als ob an jedem Tag irgendwo auf der Welt ein neuer Terroranschlag verübt würde. Die Terroristen wollen die Welt zwar nicht zerstören, aber sie wollen alle Welt in Angst und Schrecken versetzen. Wir können dieser Angst aber etwas entgegenhalten.

Im Römerbrief, Kapitel 8, heißt es:

„Aber dennoch: Mitten im Leid triumphieren wir über all dies durch Christus, der uns so geliebt hat. Denn ich bin ganz sicher: Weder Tod noch Leben, weder Engel noch Dämonen, weder Gegenwärtiges noch Zukünftiges noch irgendwelche Gewalten, weder Hohes noch Tiefes oder sonst irgendetwas auf der Welt können uns von der Liebe Gottes trennen, die er uns in Jesus Christus, unserem Herrn, schenkt.“[39]

Das, was für uns am wertvollsten ist und uns am Leben erhält – unsere Zugehörigkeit zu Christus – kann uns niemand nehmen.

Ein Gedanke

Schreib jeweils eine kurze Antwort auf folgende Fragen:

- Was wäre das schlimmste Ereignis, das du dir vorstellen kannst?
- Was würde passieren, wenn es eintrifft?
- Und was folgt daraus?
- Und dann?

Erst wenn die vierte Frage beantwortet ist, hast du deine größte Angst erkannt, die dich in einen Zustand der Lähmung versetzt. Und wer das benennen kann, sollte sich die Frage stellen:

- Würde Gott mir in dieser Situation beistehen?

Vertiefung

Schreib den Psalm 23 in deinen eigenen Worten auf, als persönliche Botschaft Gottes an dich.

Idee für den Alltag

Besprich deine größte Angst mit anderen in einer kleinen Gruppe oder mit einer guten Freundin. Wie wäre es, davor keine Angst mehr haben zu müssen? Jeder sollte über seine ganz persönliche Horrorvision sprechen.

Spaziert anschließend zu einem nahe gelegenen Teich oder See. Schreibt eure Angst auf einen Stein und werft ihn hinein. Belasst es dabei. Gott sagt uns, dass das möglich ist.

Du und andere

Überleg dir, wer in deiner Nähe Hilfe braucht und wie du dieser Person am besten Mut zusprechen kannst. Besuche mit ein paar Freunden ein Obdachlosenheim, ein Gefängnis, eine Pflegestation oder ein Krankenhaus. Auch wenn ihr nichts mitbringt – redet mit den Menschen dort. Seht ihnen in die Augen und hört zu, was sie erzählen. Geht einen Schritt auf sie zu. Es ist so wichtig, dass jemand einfach nur bei ihnen ist.

10.
Nicht länger sich schämen müssen

Wenn Gottes Gnade größer wird als unser eigenes Streben

nach Johannes 13

Schnell hatten wir uns auf unsere Plätzen begeben. Eine enorme Spannung lag in der Luft. Der ganze Raum war erfüllt von leisem Stimmengemurmel, alle waren beunruhigt wegen der zunehmenden Wut, die Jesus auf den Straßen entgegenschlug.

Ich sah, wie er aufstand und seinen Umhang ablegte. *Was hatte er vor?*

Langsam band er sich ein Handtuch um die Hüften und holte eine Schüssel mit Wasser, die an der Tür stand. Mein Herz pochte und plötzlich wurde mir alles klar. Ich sah auf meine Füße hinunter, an denen der Schmutz klebte. Wo waren die Diener, die sich sonst darum kümmerten? Wollte etwa Jesus diese Aufgabe übernehmen?

Als er sich tief über Matthäus' Füße beugte, sah unser Lehrer und Sohn Gottes selbst aus wie ein Diener.

Es war nicht zum Aushalten. Der Sohn Gottes wusch uns den Schmutz von den Füßen!

Als er zu mir kam, zog ich meine Füße schnell zurück. „Nein. Das sollst du nicht machen, Jesus."

Er bückte sich erneut nach meinem Fuß. „Wenn ich das nicht tue, Petrus, kannst du nicht bei mir bleiben. Das ist notwendig, damit mein Reich beginnen kann. Das ist der Anfang, Petrus. Alles, was ich euch zeigen will, beginnt hier."

Natürlich wollte ich bei ihm bleiben, ich wollte alles tun, was er sagte. „Dann wasch mich am ganzen Körper!", erwiderte ich. Aber er wollte nur meine Füße waschen, die dreckigsten Körperteile, die ich hatte. Und ich musste ihm gehorchen.

„Streck deine Füße aus, Petrus."

Ich schämte mich. Warum war ich nicht früher aufgestanden? Dann hätte ich bemerkt, dass die Diener nicht wie sonst zum Waschen unserer Füße aufgetaucht waren. Meine schmutzigen Füße waren mir unendlich peinlich. Ich fühlte mich so unwohl, und die anderen saßen stumm am Tisch und sahen zu, wie unserer Lehrer meine Füße wusch. Es machte mich so verletzlich.

Und er sagte: „Wenn ich dir nicht die Füße waschen darf, darfst du nicht bei mir bleiben."

Er wollte mir etwas schenken, und ich hatte nicht einmal geahnt, dass ich mich danach gesehnt hatte. Er hatte es die ganze Zeit gewusst. Er wusste, was in dieser Nacht geschehen würde. Auf denselben Füßen, die er gerade wusch, würde ich wenig später stehen, ihn verleugnen und vor ihm davonlaufen. Wenn ich die Zeit zurückdrehen könnte, würde ich antworten: „Wasch meine Füße, Jesus, und schrubbe sie richtig sauber. Sag mir, dass ich für immer bei dir sein darf, dass ich zu dir gehöre. Und wenn ich wegrenne, dann halt mich fest."

Ich habe diese Worte an diesem Abend nicht gesagt, aber er hat es trotzdem getan.

Von der Haltung, Dreck zu bekennen und zu bereuen

Ich saß zwischen meinen beiden Töchtern im Gottesdienst. Es war ein Tag, an dem wir die größte Demut empfinden, mit schwarzer Asche auf unserer Stirn. Irgendwie behagte es mir nicht, diese Schmutzzeichen an ihnen zu sehen. Am liebsten hätte ich es ihnen erspart. Sie hatten doch überhaupt nichts Böses getan. Meine Jüngste ahnte noch nicht das Geringste von der Finsternis in dieser Welt. Und der Älteren kommen ganz schnell die Tränen, wenn sie hört, dass Menschen in Not sind, sei es im selben Raum oder irgendwo anders auf der Welt. Am liebsten hätte ich ihnen einen Platz jenseits dieser schmutzigen Asche reserviert, die unsere menschlichen, sündhaften, dunklen Herzen symbolisieren soll.

Asche zu Asche. Staub zu Staub.

Kein Mensch kann sich dieser Wahrheit entziehen.

Wir alle sind so schrecklich klein und zerbrechlich. Das Aschesymbol erinnert daran, auch wenn es uns nicht angenehm ist.

Die Asche war auch auf meiner eigenen Stirn nur schwer auszuhalten. Aber obwohl ich meine geliebten Mädchen so positiv sah, wusste ich, dass sie dorthin gehörte.

Asche. Natürlich bin ich nie gut genug gewesen, ich bin klein, kaputt, eine Sünderin, die im Staub liegt. Das anzunehmen fällt schwer, aber ich muss es mir eingestehen. Das Aschesymbol trägt es als Botschaft in die ganze Welt hinaus. Es ist ein öffentlich sichtbares Bekenntnis. *Ja, ich weiß!* Ich weiß, dass ich nicht gut genug bin. Ich weiß, dass ich Gottes Hilfe brauche. Ich erkenne meine Fehler und Schwächen.

In den Wochen und Monaten zuvor hätten vermutlich viele Menschen mein Leben positiv beurteilt und die Meinung vertreten, dass ich meine Sache ganz gut machte oder dass ich mich zumindest ehrlich bemühte.

Aber ich wusste es besser. Ich hatte mich Gott nicht nahe gefühlt, und das ist meist dann der Fall, wenn ich Fehler begehe … Das ist mir bewusst. Oft lasse ich mich von irgendetwas treiben, anstatt meiner Berufung zu folgen.

Ich wollte auf keinen Fall scheitern, und das war mir wichtiger gewesen, als Gott dabei zu helfen, Seelen zu retten.

Ich wünschte mir oft einen Gott, den ich besser einschätzen und kontrollieren kann, als mich nach seinem unberechenbaren Geist zu sehnen.

Mein eigenes Vorankommen bedeutete mir oft mehr als die Liebe zu meinen Mitmenschen.

Ich selbst wollte gesehen werden und hatte darüber meinen Blick für die anderen vernachlässigt.

Ich hatte mehr an Gott gezweifelt, als an ihn geglaubt.

Ja, so war das.

Sowohl ich als auch meine Mädchen brauchen Gott und so wird es immer sein. Wir bekennen das nicht, damit Gott uns vergibt; wir bekennen es, damit wir uns immer daran erinnern und uns freuen können, dass unsere Schuld bereits abgegolten ist. Jesus hat dieses Problem bereits gelöst und unsere Sünde durch seine Güte abgegolten.

Doch wir sind immer wieder Anfechtungen ausgesetzt. Klebt dieser Dreck nicht ewig an uns? Dürfen wir uns überhaupt an Jesus wenden, wenn wir gesündigt haben? Sind wir wirklich frei von Sünde – kann Gott das garantieren?

Ja. Ich bin zweifellos eine Sünderin und mache immer wieder neue Fehler.

Immer wieder tun andere so, als wären sie darüber erhaben. Wir alle erwecken manchmal diesen Anschein. Aber was folgt daraus? Wir verstecken uns hinter Trugbildern und tun so, als führten wir ein glückliches, reines, unglaubliches Leben. Auch wenn das ziemlich anstrengend ist, denn es kostet ganz schön viel Energie, eine solche Fassade aufrechtzuerhalten.

Und wenn wir es uns zum Ziel setzen, von allen gemocht zu werden, werden wir unersättlich.

Wenn wir uns mehr Aufmerksamkeit wünschen, ist diese nie genug.

Wenn wir uns mehr Geld wünschen, gibt es keine Summe, die uns befriedigt.

Wenn wir nach Erfolg streben, gibt es keine Beförderung, keine Auszeichnung und keine Verkaufszahlen, die uns wirklich ausreichend erscheinen.

Auch wenn es uns darum geht, besonders dünn oder schön zu sein, werden wir unser Ziel nie endgültig erreichen.

Jahrelang habe ich unter meiner Essstörung gelitten, es war so furchtbar. Ich wollte aufhören, mir um mein Gewicht und mein Aussehen Gedanken zu machen. Es schien keinen Weg zu geben, mein Kopf drehte sich zwanghaft immer nur darum.

Bei vielen Menschen führen Essstörungen irgendwann zu dem Punkt, an dem medizinische Hilfe nötig ist. Bei mir war der Tiefpunkt erreicht, als meine Gedanken nur noch ums Essen kreisten, was ich aß oder nicht aß und wann ich mir die Kalorien wieder abtrainierte. Meine Gedanken schienen festzustecken, so als gäbe es nur einen einzigen Fernsehkanal und keine Fernbedienung, keine Chance, sie jemals abzustellen oder sich einmal etwas anderem zuzuwenden.

Nie war mir bewusst, dass es sich dabei um eine Art von Sünde handelte, die ich hätte beichten können, und dass Gott mir die Möglichkeit gab, *„alles menschliche Denken gefangen zu nehmen und es Christus zu unterstellen, dem es gehorchen muss*“[40].

Ich erinnere mich, wie mir eines Tages diese Worte aus meiner Bibel entgegensprangen, kurz nachdem ich zum ersten Mal schwanger war. Immer wieder las ich diese Stelle. Wie im Schock begriff ich, dass ich Macht über meine eigenen Gedanken hatte. Es war das erste Mal, dass ich mich niederkniete und beichtete, wie obsessiv ich mich mit meinem Aussehen beschäftigte und wie wichtig mir die Kontrolle über mein Essverhalten war. Ich bat Gott, mir dabei zu helfen, diese Gedanken zu vertreiben. Plötzlich schien es machbar – und vielleicht konnte ich so meinem Gefängnis aus Selbsthass und Selbstkontrolle entkommen. Das Bewusstsein, dass in mir ein neues Leben heranwuchs, gab mir zusätzliche Motivation, etwas zu verändern.

Eine Essstörung verschwindet selten über Nacht. Aber ich wusste nun, ich war mit meinem Problem nicht mehr allein. Jedes Mal, wenn die Gedanken über mich kamen, was ich essen oder nicht essen würde oder wie ich mich anstrengen sollte, um wieder an Gewicht zu verlieren, sobald ich in die Nähe eines Spiegels kam oder meine Hose zuknöpfte oder eine Speisekarte studierte oder wenn jemand mein Gewicht kommentierte, in all diesen quälenden Momenten konnte ich mich nun an Jesus halten. Ich dachte an ihn, ich sprach mit ihm, ich bat ihn um Hilfe, fragte nach seiner

Meinung, las seine Worte oder sagte sie mir auswendig auf. Neben all den vereinnahmenden Gedanken rund ums Thema Essen und Gewicht stand nun Jesus mit seiner Liebe und seinem Wort.

Mit der Zeit veränderte das meinen Blickwinkel. Er befreite mich, nach und nach, Stunde um Stunde, Tag für Tag. Ich kann zwar nicht genau sagen, wann es so weit war, aber eines Tages bin ich aufgewacht und wusste, dass dieser Kampf vorbei war.

* * *

In meinem Leben habe ich viel Zeit damit verbracht, perfekt sein zu wollen. Das war sehr anstrengend. Ich hasste das. Und ich fragte mich, wie ich damit aufhören könnte.

Tatsache ist, dass ich alles andere als perfekt bin. Und inzwischen stehe ich zu meiner Unvollkommenheit ganz bewusst. Vielleicht bin ich nun nicht ganz so grandios, wie mein Ego sich das gewünscht hat, aber ich bin gern dort, wo Gott mich braucht, und brauche nicht mehr irgendwo hinzustreben, wo ich gar nicht zu sein verdiene. Ich schäme mich nicht mehr, von Gott so gesehen zu werden, wie ich wirklich bin, und von denen, die mir nahestehen.

Schließlich will ich das heute auch so. **Ich bin eine Sünderin und alle Ehre gebührt Gott**. Niemand soll meine falsche Perfektion bewundern. Niemand. Weder Gott noch die anderen noch ich selbst.

Aufhören, etwas vorzutäuschen

Von Zeit zu Zeit begegne ich Menschen, die ganz von Gott erfüllt zu sein scheinen. Diese Menschen wirken so zufrieden, ich spüre bei ihnen Jesus förmlich. Vermutlich kennen wir alle solche Leute aus unserem Bekanntenkreis. Sie begeistern uns. Sie haben eine besondere Ausstrahlung. Sie bedrängen uns nicht mit ihren Bedürfnissen. Sie brauchen niemandem etwas zu beweisen. Sie müssen ihre Leistungen nicht zur Schau stellen. Es geht ihnen auch nicht darum, unsere Aufmerksamkeit oder Zuneigung zu erhaschen. Und sie urteilen nicht über andere, weil ihnen ihre eigenen Fehler bewusst sind.

Meine Großmutter führte so ein Leben. Wir sagten „Gaga" zu ihr, obwohl sie später, als sie älter wurde, darauf bestand, Großmutter genannt zu werden. Sie war eine elegante Lady aus den Südstaaten und liebte Jesus, auch wenn der Glaube für sie etwas sehr Persönliches war und sie ihre Spiritualität selten offen zeigte. Anstatt über Jesus zu sprechen, lebte sie einfach für ihn. Sie fühlte sich wohl in ihrer Haut und das strahlte auf die Menschen in ihrer Umgebung aus.

Sie war oft selbstironisch und ihre eigenen Unzulänglichkeiten waren ihr hinreichend bekannt. Wir Enkelkinder ließen uns über die Jahre alles Mögliche zuschulden kommen und sie hätte Grund gehabt, enttäuscht zu sein. Sie hätte uns dafür ausschimpfen und uns sagen können, dass wir aus der Art schlugen. Stattdessen überließ sie jegliches Urteil Gott und schloss uns umso fester in ihre Arme.

Sie wusste, was Gnade bedeutet und verschenkte sie reichlich. Dabei wurzelte ihr Verständnis davon, was Gnade ist, in dem Wissen, dass sie selbst errettet worden war. Der Glaube und das Evangelium waren eine Wahrheit für sie, es war ihr tägliches Leben. Sie brauchte auch nicht viele Worte, geschweige denn theologische Debatten darüber; sie zeigte anderen einfach ihre Liebe, sie redete nie schlecht über jemanden, nahm immer nur das Beste an und ließ Gott einen liebenden Vater sein. Es gab schließlich für sie keinen Grund, ihn anzuzweifeln, wenn er doch so einen guten Job machte.

Irgendwie war sie ganz anders als der Rest der Welt. Nie versuchte sie, jemanden zu beeindrucken. Auch ihre Fehltritte verfolgten sie nicht; sie wusste, dass alles vergeben war, und lebte ein befreites Leben.

Und eine solch gelebte Gnade erzeugt aus sich heraus noch mehr Gnade.

Spürst du Gottes Vergebung, seine Gnade?

In Johannes 13 lesen wir über einen Gott, dem das ganze Universum gehört, wie er Wasser in eine Schüssel gießt und anfängt, seinen Jüngern die Füße zu waschen. Dann trocknet er diese mit einem Handtuch, das er sich vorher umgebunden hat. Er steckte voller Demut. Jesus war zwar der Sohn des allmächtigen Gottes – daran ließ er nie einen Zweifel –, aber es gab nichts, was er hätte tun oder lassen müssen. Er brauchte hier auf Erden nichts und niemandem etwas zu beweisen, auch nicht diesen Männern.

Doch wer sich nicht zu schützen und nicht zu beweisen braucht, durch den wirkt Gott.

Denn wer sich nicht zu schützen und nicht zu beweisen braucht, der fühlt sich frei.

Natürlich kommt er auch zu Petrus und dieser reagiert so, wie wir wohl alle reagieren würden. *Nein, Herr. Du sollst mir nicht die Füße waschen.* Er zuckt zurück.

Wir wollen unseren Schmutz nicht zeigen. Schließlich stehen wir auf einem Podest. Wir möchten gern gut aussehen und unsere weiße Weste zur Schau stellen. Solange wir aber unseren Schmutz verstecken und nicht zugeben, dass wir Gott brauchen, entstehen auch zu anderen Menschen keine tiefen Beziehungen.

Als Zac und ich in Austin eine Gemeinde gründeten, wollten wir nicht, dass die Menschen mit dem Gefühl zu uns kamen, sich verstellen zu müssen. Unser kleines Mitarbeiterteam war überzeugt, dass wir alle ehemalige Sünder sind und dass niemand sich zu verstecken braucht. Zac ließ daher unsere ganze Gemeinde ein Zwölf-Stufen-Programm durchlaufen, das „Celebrate Recovery" heißt, also sinngemäß *Wiedereingliederungsfeier*. Es wurde speziell für Kirchengemeinden entwickelt, ähnlich wie ein Entzugsprogramm für Suchtkranke.

Zunächst waren alle schockiert, denn niemand hielt sein Fehlverhalten für so gravierend, dass man daraus so eine große Sache machen müsste. Doch dann begannen einige dieser frommen, scheinbar untadeligen Leute sich in kleinen Gruppen zusammenzuschließen und sich ihren dunklen Seiten wirklich zu stellen, insbesondere ihrer Neigung, ihre Hoffnung und Befriedigung in irdischen Dingen zu suchen.

Monatelang gestanden viele Leiter zum ersten Mal in ihrem Leben ein,

- Jahrzehnte ohne Vergebung gelebt zu haben.
- abhängig von Pornografie zu sein.
- eine Abtreibung hinter sich zu haben.
- ein sexuell ausschweifendes Leben zu führen.
- viel Alkohol zu trinken.
- abhängig von Lob zu sein.
- eine schwere Schuld mit sich herumzuschleppen.

Dieser Prozess war eine wirklich große Befreiung. Die Menschen erlebten Gottes Gnade und die Vergebung durch Jesus wie noch nie zuvor. Überall sah man Geheilte und Wiederhergestellte, es war so ansteckend, dass die Menschen sich gar nicht mehr wegen ihrer Fehler verstecken wollten.

Um jeden Einzelnen in unserer Gemeinde kümmerte sich jemand. Wer eine bisher verborgene Schuld eingestand, konnte mit einer ganzen Gruppe von Helfern rechnen, die ihn unterstützten, damit er nicht in sein altes Laster zurückfiel. Wenn zum Beispiel jemand pornosüchtig war, fanden sich Menschen im Leben der Person, die ihr halfen, Schutzmechanismen zu entwickeln, um aus dem System der Abhängigkeit auszubrechen. Es entwickelte sich eine lebendige Gemeinschaft, die sich zum Ziel gesetzt hatte, Wiederherstellung und Heilung zur Ehre Gottes zu leben.

Denn wir gestehen unsere Fehler nicht nur ein, wir halten zusammen und weisen uns gegenseitig auf den hin, der uns vergeben kann und uns die Kraft gibt zu widerstehen! Denn oft ist es so, dass wir apathisch geworden sind im Umgang mit Sünde und Schuld. Wir lassen es zu, dass sie in unserem Leben Fuß fassen, wir räumen ihnen einen Platz ein und geben ihnen dadurch umso mehr Macht.

„Bekennt einander also eure Sünden und betet füreinander, damit ihr geheilt werdet."[41]

Den eigenen Schmutz zeigen

Wir schämen uns für den Schmutz in unserem Leben, doch Jesus geht direkt darauf zu. Jesus geht dorthin, wo seine Jünger den meisten Schmutz an sich tragen und bietet ihnen seinen Dienst an.

Ich habe schon oft gehört, dass die Fußwaschung als Symbol für die demütige Haltung des Herrn interpretiert wird, dass wir uns gegenseitig so dienen sollen. Sicher, später erwähnt Jesus auch, dass wir andere so behandeln sollen, wie er es getan hat. Auch das ist wichtig und eine korrekte Interpretation des Bibeltextes.

Dennoch glaube ich nicht, dass das an dieser Stelle die wesentliche Botschaft sein soll.

Übrigens leidet Petrus in diesem Augenblick auch deshalb so

sehr, weil er nur denkt: *Ich habe zu viel Respekt vor dir, Jesus, ich bete dich an, ich folge dir nach. Ich will nicht, dass du mir die Füße wäschst. Es kann nicht sein, dass du vor mir niederkniest, um meine unreinsten Körperteile zu säubern.* Petrus will sich noch immer beweisen, ohne Gott.

Aber Jesus sagt: *Darum geht es doch gar nicht, Petrus! Ob du nun hier am Tisch mit sauberen Füßen sitzt oder nicht. Mir geht es um deine Seele.*

Die Jünger hatten alle versucht, sich besonders für ihn anzustrengen, jeder wollte am meisten für ihn tun, doch dabei verbargen sie, was sie immer noch an Altlasten mit sich herumschleppten, weil sie glaubten, Gott sei vor allem an ihrer großartigen Leistung interessiert. Dabei ging es Gott in Wirklichkeit um ihr Inneres. So wie es ihm auch um unser Innerstes geht.

Petrus glaubte natürlich, dass er erlöst werden würde, aber Jesus forderte trotzdem, dass er sich die Füße waschen ließ. Wir alle brauchen von Zeit zu Zeit eine Reinigung unserer Seele, um uns von dem Schmutz zu befreien, der sich dort unweigerlich ansammelt. Oft behalten wir den nämlich lieber für uns, und wir verkriechen uns mit unseren Fehlern vor anderen, denn wir wissen gar nicht, wie wir damit umgehen sollen. Wir wollen schließlich Dreckiges nicht in aller Öffentlichkeit zur Schau stellen.

Und ich glaube, dass Jesus uns sagen will: *Hey, wenn ihr an mich glaubt, wenn ihr glaubt, dass ich euch nicht nur die Füße waschen kann, sondern auch eure Seelen reinige, warum erzählt ihr das nicht weiter?* Ein dreckiger Fuß muss nun einmal gewaschen werden. Das ist bei Petrus nicht anders als bei uns.

All unsere Bemühungen, all das Streben und Sich-beweisen-Wollen, zielen doch bloß darauf ab, am Ende von Jesus gerettet zu werden.

Unser dringendstes Bedürfnis wird aber nur dann gestillt, wenn wir zugeben, dass es da ist, und wenn wir es dem Einzigen zuwenden, der es stillen kann.

„Wenn wir behaupten, sündlos zu sein, betrügen wir uns selbst. Dann lebt die Wahrheit nicht in uns. Wenn wir aber unsere Sünden bekennen, dann erweist sich Gott als treu und gerecht: Er wird unsere Sünden vergeben und uns von allem Bösen reinigen.“[42]

Es macht uns Angst, verletzlich zu sein und zugeben zu müssen, dass wir Hilfe brauchen. So ging es auch Petrus. Eigentlich wollen wir ja unsere Sünden bekennen. Wir alle wollen von unseren Sünden befreit werden und die Reinigung unserer Seelen.

Selten hört man noch, dass jemand *Reue* empfindet. Denn wer *bereut*, wendet sich von etwas ab.

Das christliche Leben lässt sich zusammenfassen auf diese beiden Aspekte: Reue und Glauben. Wir bekennen alle unsere Sünden und wir glauben an die Wahrheit Gottes.

Wir stimmen mit Gott darin überein, was Sünde ist, und wir bekennen sie nicht nur, sondern lassen es zu, dass Jesu Gnade uns reinigt und von unserem Fehlverhalten abhält. Dazu brauchen wir Demut. Aus meiner Erfahrung kann ich sagen, dass sich das tatsächlich auch manchmal ein wenig demütigend anfühlen kann. Immer, wenn ich nämlich meine Probleme und Fehler ehrlich zugebe, auch meinen Stolz und den Zustand meiner Seele aufrichtig bekenne, demütigt mich das.

Nachdem ich dann alles bekannt habe, fühle ich mich irgendwie klein. All die Gefühle die ich eigentlich zu vermeiden versuche, überwältigen mich: Scham, Angst, Einsamkeit, Verlegenheit. Für etwa eine Minute ist das alles präsent.

Aber direkt auf diese Empfindungen verspüre ich eine Erleichterung. Es ist tatsächlich wie eine Welle, die mich reinigt und die

Scham, die mich für einen Augenblick im Griff hatte, fällt von mir ab und weicht merklich mit der nun strömenden Gnade zurück. Und diese Gnade entsteht, weil ich nun wieder durch Jesus mit Gott in einer tiefen, ehrlichen, aufrichtigen Beziehung verbunden bin. Ich habe mir selbst eingestanden, dass ich ihn brauche, ich bin ihm wieder nah und alles zwischen uns ist geklärt.

Vielleicht hast du dich schon lange für Gott engagiert, aber nie wirklich diese Art von Beziehung zu ihm gehabt. Vielleicht denkst du: *Ich weiß nicht, ob der Heilige Geist durch mich wirkt. Habe ich mich Jesus Christus jemals bewusst als meinem Herrn und Retter anvertraut?*

Bekennst du Jesus regelmäßig deine Fehler?

Empfängst du seine Vergebung?

Seine Gnade ist nicht umsonst zu haben. Zum einen erwartet uns der Tod. Unser altes Ego muss sterben. Unser Stolz muss sterben. Unser Anspruch, alles aus eigener Kraft schaffen zu wollen, muss sterben. Das ist hart, es wühlt uns auf. Für einen Augenblick hassen wir das. Aber dann passiert etwas in unserer Seele: Wir fühlen uns befreit. Und wenn wir diese Freiheit spüren, dann greift sie auch auf andere Menschen über. Wenn einer sich seine schmutzigen Füße waschen lässt, werden andere es ihm nachmachen. Das steckt an! Ehrlichkeit und die Bereitschaft zum Eingeständnis von Fehlern wirken sich auf andere aus. Wir brauchen uns ja nicht der ganzen Welt zu offenbaren; es genügt, wenn wir ein paar gute Freunde einweihen, die uns dafür nicht in die Pfanne hauen.

Wir zeigen unsere Schwächen, weil Jesus uns davon heilen und für immer befreien kann.

Gottes Gnade ist kraftvoll und wird sogar mit Dingen fertig, die uns unmöglich erschienen.

Wir werden sehen, wie viel Erneuerung bei uns allen möglich ist. Wir werden erleben, wie Gott die Seelen der Menschen noch hier auf Erden bewegen kann, wie lange auch immer das noch ist.

Und deshalb fangen wir bei uns selbst an. Wenn es uns nicht gelingt, durch den Heiligen Geist etwas zu verändern, warum sollte es dann irgendjemand anders probieren wollen? Wenn wir seine Vergebung nicht erleben können und seine Gnade regelmäßig spüren, wie können wir sie dann an andere weitergeben?

Der große Tausch

Jesus wusste, dass Petrus ihn wenige Stunden später verleugnen und dass er sich für die nächsten drei Tage weit entfernen und zurückgewiesen fühlen würde.

Petrus liebte Jesus und gleichzeitig machte er große Fehler. Er war leidenschaftlich und stolz. Und die meisten von uns können das sicher gut nachvollziehen, denn auch wir sind so unterwegs.

Wir sind Sünder. Jesus weiß das.

Und im Gegensatz zu Petrus weiß Jesus, was passieren wird. *Du brauchst mich. Du brauchst mich, weil nur ich dir vergeben kann. Du weißt selber nicht, wozu du in der Lage bist. Aber du wirst heute noch meine Vergebung erbitten.*

Ich befreie dich von deinem Stolz, mit dem du annimmst, dass ich dich brauche.

Ich befreie dich von dem Zweifel, den du an mir hast.

Ich befreie dich von deiner Angst, die dich am Gehorsam hindert.

Ich befreie dich von deiner Scham, die du versteckst.

Ich befreie dich von deiner Unabhängigkeit, die dich glauben lässt, mich nicht zu brauchen.

Ich befreie dich von dem Glauben, eine Leistung erbringen und dir etwas verdienen zu müssen.

Ich befreie dich von dem Verrat, den du begehen wirst.

Ich befreie dich von deiner Arroganz, die es dir schwer macht, um Vergebung zu bitten.

Ich befreie dich vom Streben, dir einen Namen zu machen.

Ich befreie dich von deiner Selbstliebe.

Ich befreie dich von all den Fehlern, die du nicht benennen kannst.

Ich befreie dich von deiner Wut, die dich manchmal unbeherrscht handeln lässt.

Ich wasche deine Füße und stelle sie in meine Fußspuren – du sollst dienen und lieben, aber du wirst auch Zurückweisung erleben und Leid – am Ende aber Freude und das Glück, anderen dieselbe Freiheit schenken zu können.

Wenige Stunden, nachdem er Petrus die Füße gewaschen hatte, starb Jesus am Kreuz, um uns von all unserer Sünde reinzuwaschen. Mit diesem grausamen Ereignis hat er uns alle von unseren Sünden befreit. Er hat unsere Not gesehen und alles abgegolten, damit wir für immer bei ihm sein können. Sein Blut hat er im Tausch für unseres gegeben.

Reue und Glauben. So sieht es aus, wenn wir unsere Seele mit dem lebendigen Wasser füllen, wenn wir Brot essen, das uns nie wieder hungrig werden lässt, wenn ein Licht die Dunkelheit für immer vertreibt. **Wir werden weder durch unsere Fehler und Schwächen noch durch unsere Leistung definiert; was am Ende zählt, ist Gott.**

Wir sollten es zulassen, dass Jesus uns den Schmutz von den Füßen und der Seele wäscht, und wir sollten anderen davon erzählen.

Spürst du, dass dein Herz hart ist? Scheint Gott weit weg zu sein?

Es gibt immer einen Weg zurück. Bereue und glaube!

Zur Ruhe kommen

„Wenn wir also behaupten, dass wir zu Gott gehören, und dennoch in der Finsternis leben, dann lügen wir und widersprechen mit unserem Leben der Wahrheit. Leben wir aber im Licht, so wie Gott im Licht ist, dann haben wir Gemeinschaft miteinander. Und das Blut, das sein Sohn Jesus Christus für uns vergossen hat, befreit uns von aller Schuld. Wenn wir behaupten, sündlos zu sein, betrügen wir uns selbst. Dann lebt die Wahrheit nicht in uns."

1. Johannes 1,6–8

Das erste Mal, als ich ein öffentliches Bekenntnis hörte, stand mein kleines, stets nach Perfektion ausgerichtetes Ich mit offenem Mund da. Vor mir stand ein Mann, der eins seiner beschämendsten, dunkelsten Geheimnisse vor Hunderten von Menschen bekannte. Seine Zerbrochenheit und Reue zu erkennen, lösten etwas in mir. Und ich fragte mich zum ersten Mal: *Was wäre, wenn ich meine Sünde öffentlich bekennen würde, statt sie krampfhaft zu verbergen?*

Weißt du, was ich erkannte? Wir sind dann ehrlich zu uns selbst. Denn wir können niemandem etwas beweisen, nicht einmal etwas uns selbst, oder Gott. Nur Jesus tat dies.

Ein Gedanke

Gibt es etwas, das du scheust, vor Jesus zu bringen?

Vertiefung

Schreib einen Brief über deine Schwächen und Fehler, den Gott an dich richtet. Was würde darin über seine Liebe und Vergebung stehen?

Idee für den Alltag

Gibt es bestimmte Muster in deinem Leben, die dich davon abhalten, Fehler einzugestehen? Schreib einige Verse auf Postkarten, die an Gottes Gnade erinnern, wenn die Scham dich überkommt. Steck diese Erinnerungen überallhin – in dein Auto, an den Badezimmerspiegel und auf den Nachttisch.

Du und andere

Unternimm mit einer Freundin einen Spaziergang und sprich mit ihr über Gottes Gnade. Fragt einander:

1. Wo brauchst du Gnade?

2. Wo hast du bisher in deinem Leben Gottes Gnade gespürt?

3. Was hält dich davon ab, mit deinen Schwächen zu Jesus zu kommen?

11.
Nicht länger sich unzureichend fühlen
Von der Verbindung, nah bei Jesus zu sein
nach Johannes 21

Jesus war uns erschienen und wir wussten, dass er lebte. Trotzdem fühlten wir uns verloren. Was sollten wir jetzt bloß machen?

Ich war mir sicher, dass ich ihm nicht mehr viel bedeutete. Judas hatte ihn verraten. Ich hatte ihn verleugnet. Ich hatte mich des Verrats schuldig gemacht, das hatte mich angesichts seines Todes gequält, aber jetzt, wo er wieder da war, fühlte ich mich noch miserabler. Jetzt würde ich ihm von Angesicht zu Angesicht gegenübertreten müssen. Was konnte ich sagen oder tun, um zu zeigen, wie leid es mir tat und dass ich ihn immer noch liebte?

Ich griff nach meinen alten Fischernetzen und ging mit einigen anderen Männern zu unseren Booten. War ich auf dem Wasser, fand ich meist meine innere Ruhe wieder. Aber dieses Mal erinnerte mich auch das Wasser nur an ihn. Es wäre alles einfacher gewesen, wenn er gar nicht der gewesen wäre, der er zu sein behauptete. Aber ich war selbst über das Wasser gelaufen, ich hatte gesehen, wie er Wasser in Wein verwandelt hatte, ich hatte mit meinen Händen die übervollen Körbe mit Brot und Fisch gehalten, ich hatte Lazarus in meine Arme geschlossen, nachdem er wieder zum Leben erweckt worden war.

Ich hatte wirklich genug erlebt, um sicher zu sein, dass Jesus und Gott eins waren. Und ihn hatte ich im Stich gelassen.

Es war schon spät, als Thomas und Jakobus mir halfen, unser Netz auszuwerfen. Das Wasser war sonderbar ruhig. Nirgendwo zeigte sich ein Fisch. Selbst hier, wo ich immer gute Arbeit geleistet hatte, schien mir nichts mehr zu gelingen. Ich war ein Versager. Die leeren Netze sagten alles.

Ich ließ mich im Boot niedersinken, ich war am Boden zerstört. Alles war vorbei.

Gerade als die Sonne über den Horizont lugte, hörten wir plötzlich einen Mann am Ufer rufen. „Habt ihr schon Fische gefangen?"

Ich antwortete nicht, aber Jakobus rief zurück: „Nein, nichts!"

„Versucht es mal auf der anderen Seite des Bootes", antwortete der Mann. „Da habt ihr bestimmt mehr Glück."

Was für ein Narr, dachte ich. Es gab einfach keine Fische, wir hatten es schließlich die ganze Nacht lang versucht. Wie konnte er dort vom Strand aus mehr sehen als wir auf dem Wasser? Trotzdem folgten einige der Männer seinem Vorschlag. Das Boot geriet ins Schaukeln und kenterte fast, weil die Fische mit solcher Kraft am Netz zogen.

Was hatte das zu bedeuten?

Ich stand auf und hielt nach dem Mann am Strand Ausschau. Kein Zweifel, er war es: Jesus.

Ohne nachzudenken sprang ich über Bord, weinte und rief nach ihm, während ich ans Ufer schwamm.

Als die anderen mit dem Boot kamen, hatte Jesus bereits Feuer gemacht und sagte, dass er einige der Fische für uns zubereiten wollte. Ich ging zum Boot und holte die Netze. Es waren 153 Fische darin, trotzdem war es nicht gerissen.

Wir grillten die Fische über dem offenen Feuer und aßen Brot dazu. Alles war wieder gut und wir saßen beisammen wie immer. Wie wünschten wir uns, dass dieses Frühstück nie enden möge.

Aber dann sah Jesus mich wieder an und ich bekam Angst. Mein Verrat an ihm war noch nicht angesprochen worden.

Jesus fragte mich dann: „Petrus, liebst du mich?"

Noch nie wollte ich so gern jemanden von etwas überzeugen wie an diesem Tag. Ich wollte ihm meine Loyalität beweisen, aber in der Vergangenheit hatte ich damit geprahlt und dann war ich ja so kläglich gescheitert.

„Natürlich liebe ich dich. Du weißt es."

„Dann kümmere dich um meine Schafe."

„Liebst du mich, Petrus?"

„Dann kümmere dich um meine Schafe."

„Liebst du mich, Petrus?"

„Dann kümmere dich um meine Schafe."

Es war, als wollte er damit sagen: „Du, der den größten Mist gebaut hat, wirst meine Kirche gründen. Ich bin sicher, dass du mit großer Demut an diese Aufgabe herangehen wirst, du hast gerade erst verstanden, dass es einen liebenden Gott gibt und dass du dich nicht mit ihm vergleichen darfst. Du selbst bist ein Träger der Gnade, die du nun verschenken kannst."

Ich konnte mir zwar nicht vorstellen, was er mit mir vorhatte, aber ich war entschlossen, alles für ihn zu tun.

Vom Warten, eine eigene Berufung zu empfangen

Keineswegs berichtet die Bibel nur von Leuten, die liebenswert und perfekt sind. Im Gegenteil! Die meisten von ihnen haben alle möglichen Probleme und Gott nimmt sich ihrer an.

Gott hat schon immer Dinge getan, mit denen er die Weisen beschämte und er hat an denen, die eigentlich Verlierer waren und Schuld auf sich geladen hatten, seine wahre Größe gezeigt.[43]

Direkt nach dem größten Tiefpunkt seines Lebens kam für Petrus dieser große Moment.

Jesus sieht Petrus, wie er am Boden zerstört ist. Trotz oder gerade wegen Petrus' Fehlern demonstriert er seine Größe. Er bereitet für seine Jünger eine Mahlzeit zu. Sie essen gemeinsam und sitzen anschließend um das Feuer herum. Dann bittet er Petrus, sich um andere Menschen zu kümmern und die Liebe, die er empfangen hat, weiterzugeben. Jesus hat eine Botschaft für Petrus, aber auch für uns alle: *Alles, was wir haben und tun, geschieht durch ihn – und wir sollen es in seinem Namen mit anderen teilen.* So ist Jesus und so wünscht er es sich für uns alle. Er will bei uns sein, und dann sollen wir das, was er uns gegeben hat, weitergeben. Wer diese Art von Beziehung zu Gott hat, der kann auf alle anderen ansteckend wirken.

Als ich zum ersten Mal den Ruf gehört habe, mich um eine ganze Generation von Menschen zu kümmern, habe ich geglaubt, dass ich dazu ganz besondere Gaben benötige und eine immense Anstrengung vollbringen muss. Aber so war es gar nicht gemeint. Ich bin auch nicht allein mit dieser Aufgabe. Es gibt keine Geschichten von Menschen, denen Gott immense Kräfte verliehen hätte, nicht einmal zu biblischen Zeiten. Selbst Mose, der Stotterer, der ein ganzes Volk befreite, aber auch David, der Ehebrecher, den Gott besonders lieb hatte, bis hin zu Rahab, der Prostituierten, die zur israelischen Heldin wurde, und zu Harriet Tubman, einer gänzlich ungebildeten Sklavin, die Hundertschaften befreite oder zu Mutter Teresa, einer winzigen Frau, die sich um die am schlimmsten Notleidenden auf der Welt kümmerte. Es sind „die Geringsten unter uns", die Gott am liebsten für seine Taten einsetzt.

Wer sich also seiner eigenen Fähigkeiten nicht so sicher ist, hat allen Grund zum Feiern! Und darf sich freuen, nicht das Gefühl zu haben, eine besondere Eignung beweisen zu müssen. Man ist einfach in guter Gesellschaft der Unvermögenden unterwegs – und Gott wartet nur darauf, diesen Menschen die wildesten Möglichkeiten zur Verfügung zu stellen.

Nachdem ich mich mit dem Leben Jesu auseinandergesetzt hatte, ist mir dabei klar geworden, dass er meine Schwächen und Ängste, mein Gefühl nicht zu genügen, mein Scheitern, meinen fragwürdigen Ansatz im Leben kennt. Und letztlich war mein Glaube schließlich so weit gestärkt, sodass es zu meinem zittrigen Geständnis im Scheinwerferlicht vor einem Millionenpublikum kam, als ich aussprach: *Ich bin nicht gut genug.*

Seitdem habe ich aufgehört, mich so anzustrengen, und ich lebe seitdem besser als je zuvor. Ich habe jedenfalls mehr Spaß.

Ich fühle mich freier. Und ich genieße es viel mehr, *an Gottes Seite* zu arbeiten.

Licht schaffen

Die Welt vermittelt uns diese schlichte Botschaft: Du bist auf dich angewiesen, du musst alles aus eigener Kraft schaffen. Aber dieses Mantra nützt uns nichts, denn entweder wissen wir tief in unserem Inneren, dass wir eben nicht alles allein schaffen können, oder unser Selbstbewusstsein bläht sich auf und wir versuchen, von Gott und anderen unabhängig durchs Leben zu kommen. In beiden Fällen warten am Ende Einsamkeit und Enttäuschung auf uns. Sich allein auf das eigene Selbstwertgefühl zu verlassen, ist nicht die Lösung.

Warum verlangen wir uns im Leben so viel ab, bloß um alles allein auf die Reihe zu bekommen?

Johannes stellt an den Beginn der Lebensgeschichte Jesu die unglaubliche Wahrheit, dass Gott gekommen ist, um uns zu retten; darauf folgen die Bilder dessen, was Jesus alles verändern wird: **Er wird wie ein Licht in der Dunkelheit leuchten und die Welt für alle Menschen heller machen.**[44]

Über menschliche Lichtquellen lässt sich wohl sagen, dass sie immer Energie benötigen. Die herkömmliche Glühbirne, aber auch LEDs haben nur eine begrenzte Lebensdauer. Taschenlampen, Autoscheinwerfer, Zimmerleuchten, sie alle brauchen eine Energiequelle, die irgendwann erschöpft ist.

Alles Licht hingegen, das von Gott ausgeht – loderndes Feuer, das strahlende Sonnenlicht, haufenweise Sterne, die kraftvoll leuchten – muss keine externen Energiequellen anzapfen, es leuchtet ganz von selbst.

Wenn ich an unsere Lasten zurückdenke, an unser mühevolles

Streben, wird mir bewusst, wie sehr wir versuchen, von uns selbst aus Licht zu sein. Ich jedenfalls habe das lange Zeit getan.

- Wir versuchen, Gottes Liebe an unsere Mitmenschen weiterzugeben, indem wir perfekte Reden halten, anstatt einfach nur niederzuknien und zu beten.
- Wir versuchen, unser Leben vor allem Bösen zu schützen, statt darauf zu vertrauen, dass alles, was geschieht, von Gott kommt und etwas Gutes für uns bedeutet.
- Wir lesen jedes Erziehungsbuch, das uns in die Hände kommt und mühen uns ab, Kinder heranzuziehen, die Gott vertrauen und denen nie etwas Schlimmes zustößt. Wenn sie dann doch rebellisch werden oder leiden müssen, vergessen wir, dass auch wir auf dem Weg zu Gott rebelliert haben und leiden mussten.
- Alles wollen wir selbst in der Hand haben, statt anderen etwas zuzutrauen und zu riskieren, dass sie Fehler machen.
- Tragisches versuchen wir allein durchzustehen, weil wir andere nicht damit belästigen wollen.

Aber was passiert, wenn Menschen aus eigener Kraft versuchen, Licht zu sein? Wir werden müde. Unsere Energie ist bald erschöpft so wie alle von Menschen geschaffenen Energiequellen.

Sollten wir stattdessen nicht einfach lieber versuchen, Licht zu empfangen? Das klingt so viel netter und entspannter. Unsere Versuche, Licht zu sein, sind nämlich deswegen so jämmerlich, weil wir selbst das Licht genießen, es eigentlich bloß reflektieren und es eben nicht erst erschaffen sollen.

Gottes Plan sieht im Grunde vor, dass wir sein Licht entgegennehmen und es hinaus in die Welt tragen. In Matthäus 5,14 sagt Jesus: *„Ihr seid das Licht der Welt."* Meist ist Jesus im Neuen

Testament gemeint, wenn von Licht die Rede ist, aber sobald sein Geist in uns lebt, leuchten auch wir. Wir spiegeln dann Jesu Liebe wider und können sie so weitergeben.

Je nachdem, wie sehr wir glauben, dass wir als Kinder Gottes von seinem Geist erfüllt sind, kann sein Licht durch uns hindurchscheinen. Wir gehören zu Gott und er gehört zu uns. Er ist in uns und für uns und mit uns. Das ist unsere Identität. Und das verändert alles.

Denn nehmen wir unsere Identität als Gottes Kinder an, können wir uns nicht nur von unseren vergeblichen Bemühungen ausruhen, wir befinden uns dann auch voller Ehrfurcht in seinem strahlenden, unfassbaren Licht, das uns mit seiner ganzen Kraft zur Verfügung steht.

Das erinnert mich daran, wie ich nachts neben Zac im Bett lag, als wir unseren damals viereinhalbjährigen Cooper in Ruanda zum ersten Mal gesehen haben. Wir lagen nebeneinander und starrten an die Zimmerdecke, ohne wirklich zu begreifen, welche enormen Herausforderungen vor uns lagen. Wie konnten wir Eltern für ein Kind sein, das noch nie geliebt worden war? Woher sollten wir diese bedingungslose Liebe nehmen? Wie konnten wir ihn erziehen, wo wir ihm doch erst einmal vor allem Sicherheit geben mussten? Wie sollte Cooper, der bisher keine Mama und keinen Papa kennengelernt hatte, sich als Sohn fühlen? Ganz ehrlich, wir haben uns vor der Adoption über all diese Themen nicht wirklich Gedanken gemacht.

Aber als Zac so an die Decke starrte, sagte er plötzlich, als hätte er die Lösung für die enorme Aufgabe, die vor uns lag, gefunden: „Wenn ich in der Lage bin, die bedingungslose Liebe eines Gottes anzunehmen, der mich in seine Familie aufgenommen hat, dann kann ich diese Liebe auch Cooper vermitteln."

Es ist gleichermaßen einfach wie schwierig. Viel hängt davon ab, wie wir uns selbst in unserer Identität wahrnehmen. Bei unserem inneren Konflikt geht es eigentlich nicht darum, unsere Identität zu verändern und einem Wunschbild zu entsprechen, sondern darum, daran zu glauben, wer wir sind und zu wem wir gehören. Sobald das geklärt ist, werden wir dann nämlich von Gottes Licht erfüllt und leuchten für andere, ohne dass wir viel dafür tun müssen.

Wenn wir uns aber unserer Identität nicht sicher sind, handeln wir eher aus Stolz heraus oder um für unsere Leistung bewundert zu werden – weniger aus Demut und Nächstenliebe. Meine Leitungsaufgaben haben mir unter anderem deshalb immer Angst eingejagt, weil ich mir zu viel vorgenommen habe. Es reichte mir nicht, Gott damit einen Dienst zu erweisen; ich wollte dafür bewundert werden und meine Sache einfach unglaublich gut machen.

Wenn ich in 1. Thessalonicher 5,5 lese: *„Ihr seid das Licht, das die Welt erhellt“*, dann fühlt sich das an, als würde Gott zu mir sagen: *Jennie, du kannst einfach so weitermachen, hart arbeiten und dich abmühen, um ein eigenes kleines Licht in der Dunkelheit anzuzünden. Du kannst aber auch einfach das sein, was du bereits bist: mein Kind, ein Licht auf dieser Welt, das für die Sonne geboren wurde. Natürlich kannst du weiterhin jeden Tag versuchen, all deine dir selbst gestellten Aufgaben zu erfüllen. Du kannst aber auch damit aufhören. Alles, was du dir wünschst, kann ich dir geben: Frieden, Freude, Spaß, all die schönen Augenblicke mit deinen Kindern, die so schnell heranwachsen, auch mich kannst du genießen, tiefe Beziehungen zu deiner Familie und zu deinen Freunden haben und vertrauensvoll das erledigen, was ich dir für den Tag mit auf den Weg gebe. Ich kann dir zeigen, wie du das alles* *bekommst, ja, sogar wie du das alles an andere weiterverschenken kannst.*

Ich weiß, das klingt so altbekannt: *Ihr müsst mir nur vertrauen.* Jesus scheint das Pferd von hinten aufzuzäumen, aber es funktioniert.

Frucht tragen

Wir sind alle eingeladen, Teil eines großen, wunderbaren, ewigen Werks zu werden, aber viele von uns versuchen immer noch, ganz allein etwas auf die Beine zu stellen. Was sollen wir tun? Wie können wir uns ändern und nach Gottes Plan leben?

Indem wir ernst nehmen, was Jesus in Johannes 15 sagt: „*Bleibt fest mit mir verbunden, und ich werde ebenso mit euch verbunden bleiben! Denn eine Rebe kann nicht aus sich selbst heraus Früchte tragen, sondern nur, wenn sie am Weinstock hängt. Ebenso werdet auch ihr nur Frucht bringen, wenn ihr mit mir verbunden bleibt. Ich bin der Weinstock, und ihr seid die Reben. Wer mit mir verbunden bleibt, so wie ich mit ihm, der trägt viele Frucht. Denn ohne mich könnt ihr nichts ausrichten.*“[45]

Gott gibt eine unmissverständliche Anweisung: *Hört auf mit all dem Streben. Verlasst euch auf mich. Ich sorge dafür, dass ihr Früchte tragt. Ihr braucht nicht so hart zu arbeiten. Auch wenn ihr meinem Volk dient, könnt ihr die innere Ruhe bewahren. Gebt den Druck an mich ab. Ihr braucht euch nicht bis zur Erschöpfung abzumühen.*

Eigentlich ist es ziemlich absurd, wenn wir meinen, selber Frucht produzieren zu können.

Wer hat schon einmal eine Birne gekauft, die der Obsthändler aus eigener Hand geschaffen hat? – Die Existenz von Birnen – perfekt und saftig, wie Birnen nun einmal sind – reicht da als einfacher Gottesbeweis. Oder etwa nicht? Denn wer eine Birne isst, weiß, dass es Gott gibt. So eine perfekt gereifte, saftige Birne. Kein Mensch hätte sie so erschaffen können. Menschen sind dazu nicht in der Lage. Nur Gott kann solch süße, unglaublich geschmackvollen Dinge in die Welt setzen – und sie sind besser als alles Essen, das Menschen herstellen. Echte Birnen haben einen erstaunlichen Geschmack und tun uns gut. Und sie machen Gott alle Ehre.

Aber auch Frucht im übertragenen Sinn, wichtige Beziehungen, Gespräche und Taten, entstehen ganz natürlich, wenn wir Gott suchen, ihn lieben, Zeit mit ihm verbringen und uns ihm ganz anvertrauen.

Stattdessen geschieht aber oft Folgendes: Wir erfinden Doppelkekse. Menschen erschaffen zwar keine Früchte, aber so etwas wie Doppelkekse können wir uns ausdenken. Sie schmecken gut. Ich esse sie unglaublich gern. Aber es ist viel zu viel raffinierter Zucker darin, den wir in Form von Selbsthilfestrategien und Selbstbewusstseinsschüben dazumengen. Gott hat uns eine großartige Identität geschenkt, in der wir Sicherheit und Vertrauen finden, aber beides wurzelt ausschließlich in ihm und darin, was er für uns getan hat.

Ich will das ganz deutlich klarstellen: Wir brauchen unsere Identität nicht abzusichern, wir dürfen uns von unserem Gott überwältigen lassen. Wenn wir ihn anbeten und dabei wachsen, vergessen wir uns selbst. Und wer seine Augen auf Gott richtet, verliert sich in ihm, und unsere eigene Identität wird ganz und gar nebensächlich.

Wir werden dann leben und lieben mit dem Blick gerichtet auf Gott.

Dafür müssen wir andere Sachen aufgeben, zum Beispiel

unseren Ehrgeiz und unsere Zurschaustellung von Leistung, das Verstellen und Streben und die Dinge, mit denen wir unseren Wert vor anderen Leuten und vor Gott beweisen wollen. Und manchmal ist es nötig, innere Reflexe dafür zu überwinden.

Aber ganz ehrlich, wenn wir vor unserem unvorstellbaren Gott stehen, sind diese Dinge auch wirklich nicht mehr wichtig.

Alles, was wir tun müssen, ist, bei ihm zu sein.

Bei Jesus sein: Er ist der Weinstock, er nährt uns und gibt uns zu trinken, durch ihn sind wir lebendige Zweige. Die Verbindung mit ihm stillt den Durst unserer Seelen und durch ihn erhalten wir die Kraft, reife, süße Früchte zu tragen.

Wenn ein Baum nicht genug Wasser hat, werden seine Früchte sauer, vertrocknen oder fallen vor der Reife herunter. Ein ausreichendes Maß an Feuchtigkeit ist notwendig, damit Süße entstehen kann und eine voll ausgereifte Frucht.[46]

Um in unserem Leben an solch appetitliche und ewige Früchte zu kommen, brauchen wir die Versorgung durch Gott. Sein wild rauschendes, befriedigendes Wasser, die Essenz seines Seins, erhalten wir einfach, indem wir bei ihm sind, ihn kennen, uns an sein Wort halten und seine Gegenwart suchen.

Ruhig die Welt verändern

Kürzlich habe ich im Fernsehen eine Sendung über die Anfänge der Kirche gesehen. Jesus ist gerade erst in den Himmel aufgefahren und Petrus und die anderen Jünger halten sich in demselben Raum auf, in dem Jesus ihnen die Füße gewaschen hat. Sie sind ratlos.

Einer sieht Petrus an und fragt: „Was würde Jesus tun, wenn er noch hier wäre?“

Die Zukunft der Kirche steht auf der Kippe.

Wenn ich mir diesen Augenblick vor Augen führe, frage ich mich: *Was wird Petrus, derjenige, auf den Gottes Kirche sich gründen wird, nun sagen? Womit sollen sie anfangen? Sie warten auf die Hilfe, die Jesus ihnen versprochen hat. Womit werden sie aber anfangen, um die Welt zu verändern? Es muss etwas Großartiges sein, strategisch ausgeklügelt, ein Masterplan.*

Aber was hat Petrus geantwortet?

„Lasst uns beten."

Ich saß in meinem Schlafzimmer, in meiner gemusterten Schlafanzughose, meine Tochter neben mir, als ich diesen Film sah, und fing einfach an zu weinen. Es genügte, dass Petrus sagte: „Lasst uns beten", und schon schmolzen meine Angst und meine innere Anspannung dahin.

Die Welt lässt sich weder durch Macht noch durch unsere erfindungsreichen Strategien verändern.

Gott verändert die Welt, während wir beten und glauben und ihn machen lassen.

Mehr brauchen wir nicht zu tun. Es reicht, wenn wir an Gott glauben und zu ihm beten.

Wir lassen uns aber so leicht täuschen: Wenn nichts Großartiges passiert, kann es ja nicht viel wert sein. Weil wir das glauben, wollen wir das Ziel beeinflussen, statt Gott und die Menschen mit all unseren Gaben zu lieben.

Setzen wir uns aber ein Ziel, sind wir nur noch damit beschäftigt, was die Welt über unsere Leistungen denkt. Wir können nicht mehr unbefangen miterleben, was der Heilige Geist direkt vor unseren Augen bewirkt. Unsere Seele wird krank, weil wir nie zufrieden sein können. Und anstatt Gott mit unseren Gaben zu dienen, versuchen wir ihn für unsere Ziele einzuspannen.

„Setzt eure Ehre darein, dass ihr ein stilles Leben führt und das

Eure schafft und mit euren eigenen Händen arbeitet, wie wir euch geboten haben.“[47] Lasst uns hilfsbereite Mitmenschen sein, keine Wichtigtuer. Lasst uns Gottes Namen groß machen, nicht unseren eigenen.

Ich jedenfalls will mich nicht danach richten, was bedeutungsvoll aussieht; ich will mich nach Jesus richten und ihn immer besser verstehen.

Als die Jünger dann beteten, kam der Heilige Geist über sie, und danach stand ihnen ihre Mission ganz klar vor Augen. Sie gingen hinaus in die Welt und begannen so zu predigen, wie Jesus es sie gelehrt hatte. Sie knieten sich zu den Kranken und heilten sie. Jedem sagten sie: „Der Messias ist gekommen. Er lebt. Er ist auferstanden. Kommt und verpasst eure Chance nicht.“

Zum ersten Mal in der Geschichte der Menschheit gab es eine Kirche und seitdem wirkt der Heilige Geist unter uns. Das ist die Botschaft, und wer auch nur für den Bruchteil einer Sekunde meint, dass sich daran irgendetwas geändert hat, täuscht sich. Genauso ist es auch heute noch.

Was glauben wir denn nicht über Gott?

Versuchen wir etwa, sein Werk ohne ihn zu tun?

Wir sind eine Generation von Christen, die gern etwas vortäuscht und große Bühnen aufbaut oder sich hinter ihnen versteckt. Wir schauen nicht auf Gott, sondern beobachten uns gegenseitig.

Gott hingegen sagt: *Wenn mein Volk mich bei meinem Namen rufen und alle ihre Sünden eingestehen würden, glaubt mir, ich würde sie befreien und so durch sie wirken, wie sie es sich nicht vorstellen können.*

Das ist die Botschaft und so lautet Gottes Plan. Und wie können wir uns danach richten? – Wir müssen aufhören, selber großartig sein zu wollen und stattdessen zulassen, dass Gott durch uns groß wird.

Ich will gern seine Botschafterin sein, die gemeinsam mit Gott diesen Fehler überwindet, vom Heiligen Geist erfüllt, und die Stufen heruntersteigt zu den Menschen, die Jesus brauchen. Dort will ich seine Botschaft verkünden, mein Leben lang. Und zwar nicht, um etwas Besonderes zu leisten, sondern weil der Heilige Geist in mir ist und mich verändert hat, und was sollte ich wohl sonst tun, als jedem zu erzählen, dass ich einen Gott kenne, der uns von uns selbst und unseren Sünden erlöst?

Eines Nachts, als ich Zweifel an meiner Berufung und meinen Gaben hatte, schmeichelte Zac mir nicht etwa und baute mein schwächelndes Selbstbewusstsein auf, sondern er schickte mir dieses Zitat von Charles Haddon Spurgeon:

„Es wird so kommen, dass wenn unsere Lebensgeschichte zu Ende geht, niemand uns als ‚selbstbestimmte Menschen' betrachten wird, sondern als Handlanger Gottes, denen er seine Gnade bewiesen hat. Man wird an uns nicht den Ton bewundern, aus dem wir gemacht sind, sondern die Kunst des Bildhauers. Vielleicht heißt es von einem ‚er ist ein guter Redner', aber über einen anderen sagen sie: ‚Keine Ahnung, ob er gut reden kann, aber durch ihn spüren wir die Größe Gottes.' Unser ganzes Leben wollen wir für ihn geben; einen Altar, auf dem die Opfergaben unaufhörlich mit süßem Duft zu dem Höchsten aufsteigen."[48]

Mein größtes Ziel ist es geworden, Gott ganz einfach zu bezeugen. Welche größere Berufung kann man sich wünschen, als so zu leben, dass Gottes überwältigende Gnade durch das eigene Leben sichtbar wird? Wie Petrus die Menschen zu leiten mit der Wahrheit von Gottes Vergebung, Gnade, Liebe und Macht. Nicht mit blendenden Geschenken und Reden, sondern im Bewusstsein der eigenen Schwäche, weil es das Ziel ist, seinen unsterblichen Namen groß zu machen.

Die kleinen, unscheinbaren Dinge

Hingabe scheint fast etwas Passives zu sein. Aber gleich nachdem Jesus in Johannes 15 über Hingabe gesprochen hat, redet er über Fruchtlosigkeit. Denn wenn wir akzeptieren, dass Gott alles ist, was wir brauchen, besteht schnell die Gefahr, dass wir uns selbstzufrieden zurücklehnen. Und man fragt sich: Wenn er jetzt für alles sorgt, was muss ich dann überhaupt noch tun?

Wir haben unser Leben mit vielem überfrachtet – doch die Lösung besteht nicht darin, dass wir das Pendel zurückschlagen lassen und nun gar nichts mehr machen, vor uns hin dösen und damit verhindern, dass Gottes Werk durch unser Leben seine Wirkung entfaltet. Wir müssen nur begreifen, dass Gott uns den Auftrag gegeben hat, in die Welt zu gehen und dort seine Arbeit zu verrichten. Und das ist ganz einfach.

Wir müssen unsere Angst ablegen, die einfachen Dinge zu tun, die Jesus uns aufgetragen hat.

Was hat er uns noch einmal aufgetragen? Es geht zum Beispiel darum,

zu beten und
uns an sein Wort zu halten,[49]
ihn von ganzem Herzen zu lieben, mit ganzer Seele, ganzem Geist und aller Kraft, anstatt das nur vorzutäuschen,[50]
unseren Nächsten zu lieben.[51]

Er hat uns nicht aufgetragen, bei jeder Kulturdebatte mitzureden. Ganz gleich, wie bedeutungsvoll solche Auseinandersetzungen uns manchmal erscheinen, im Himmel werden sie keine Rolle spielen.

Unser Auftrag ist es, sich zu kümmern, dass andere Menschen an Gott glauben können. Am Ende geht es nur darum: Hingabe und Liebe.

In Johannes 15 findet sich ein wunderbares Bild, wie das vonstatten gehen kann. Jesus sagt: *Hört mir zu. Wenn ihr mir nachfolgt, wenn ihr euch mir hingebt, dann betet, lest in der Bibel, bleibt bei mir, liebt mich, sucht meine Nähe. Ihr seid nur ein kleiner Zweig. Ich bin die fruchttragende Rebe. Ich wirke durch euch.*

Er hat eine große Vision für uns, aber um das meiste wird er sich selbst kümmern. Er sagt: *Ihr legt für mich Zeugnis ab. Ich gehe in den Himmel, bleibe aber als Heiliger Geist in eurer Nähe. Ihr geht hinaus in die Welt, wo ich durch euch Früchte trage.*

In der Apostelgeschichte lese ich, wie die Jünger vom Heiligen Geist erfüllt wurden, und wünsche mir das auch. Und dann wird mir bewusst, dass ich ihn ja bereits empfangen habe!

Nachdem Jesus Petrus so großzügig vergeben und ihm dort am Seeufer eine Aufgabe zugeteilt hatte, gab ihm das endlich einen Frieden. Er brauchte nicht mehr um seinen Platz zu bangen; stattdessen kämpfte er nun für die Befreiung seiner Mitmenschen. Er hatte nur noch dieses Ziel vor Augen, und das gab ihm Frieden und Freude, sorgte für Zusammenhalt und Präsenz, eine Aufgabe, Vertrauen und innere Ruhe.

Das alles können auch wir haben, du und ich, wenn wir in dieser Not leidenden Welt etwas verändern wollen.

Was tun wir also?

Du weißt nun, was du tun musst, wenn dich dieses nagende Gefühl zu immer größeren Leistungen anspornen will. Wenn du dich unzureichend fühlst. Wenn du in diesen traurigen Zustand gerätst, wo du denkst: *Wie soll ich es bloß anfangen? Ich bin wie gelähmt und so ratlos.*

Was aber passiert, wenn du mit Jesus gehst? Wenn du seine Nähe suchst? Wenn du sein Wort hörst und immer wieder verinnerlichst? Wenn wir in unseren Kirchengemeinden in ehrlicher Gemeinschaft zusammen sind und offen mit unseren inneren Konflikten umgehen, ohne uns zu verstellen und Dinge vorzutäuschen?

Dann kann die Dunkelheit uns nichts anhaben.

Nichts kann eine Seele erschüttern, die von Gott durchdrungen ist und für ihn brennt.

Es sind ganz kleine Dinge, die eine Welt verändern werden.

Es sind alte, schlichte Wahrheiten, die unsere Seele immer wieder erneuern.

Setz dich jeden Tag hin und lies in der Bibel, halte Kontakt mit einer kleinen Gruppe von Menschen, mit denen du offen über das reden kannst, was dich im Innersten bewegt. Kehr der Kirche nicht den Rücken zu – du bist selbst Teil der Gemeinde. Du braucht nichts weiter zu tun, als Gott und die Menschen zu lieben. Das ist verwirrend, anstrengend, nicht sehr glamourös. Aber genau das lässt dich ähnlich wie Jesus sein.

Ihn kennen und lieben und für ihn leben

Die Welt ist voller durstiger und hungriger Menschen, die nach einem Sinn für ihr Leben suchen. Deine Nachbarn erleben Dinge wie Scheidungen, Kindestod oder -missbrauch, und nachts beten sie und hoffen, dass es einen Gott gibt. Du kannst ihnen dabei helfen! Versuch, Gott anderen Menschen näherzubringen. Dafür sind wir hier. Wir nutzen alle unsere Gaben, irgendwie, irgendwo, jederzeit. Es geht nicht darum, irgendwelche Zahlen oder Größenordnungen vorzuweisen.

Oh, ich hoffe, ich habe die Nachfolge Jesu nicht zu glamourös geschildert. Sie findet nicht auf Bühnen und Podien statt, in Büchern oder auf Blogs, sondern wenn Menschen um einen Tisch herumsitzen, ganz in deiner Nähe oder in deinem Wohnzimmer. Ich wette, dass die fünf Personen, die dein Leben am meisten beeinflussen, dir direkt gegenübergesessen und Zeit mit dir verbracht haben.

Persönlich halte ich es für das Größte, wenn einer neben einem anderen sitzt, die Bibel aufschlägt und sagt: „Weißt du, wer Jesus war?" Das ist ein ganz erhebender Moment.

Dann denke ich an all die Entschuldigungen, die wir uns oft ausdenken, warum wir nie aus uns herausgekommen sind. Schließlich macht er doch mein ganzes Leben aus. Und ich merke, ich muss immer noch gegen dieses Gefühl ankämpfen: dass ich einfach nicht gut genug war. Nicht genug investiert habe. Dass das alles nicht ausreicht.

Aber dann denke ich über Gottes gewaltige Botschaft nach, dass ich ein kleiner Teil davon sein darf.

Er wartet ganz einfach nur auf uns. Er wartet und möchte durch jeden Einzelnen von uns wirken. Fühlst du dich dafür nicht vorbereitet? – Das macht rein gar nichts, denn du bist gemeint, nach genau solchen Menschen sucht Gott. Er will dich und mich haben: die Verlierer, die Kaputten, die Schwachen, die seine Größe so gut kennen, weil sie ihn brauchen. So ist Gott. All diejenigen, von denen die Bibel Geschichten erzählt – außer Jesus natürlich –, waren ängstlich, unsicher, feige, abgelenkt, hatten keine Zeit oder nicht genug Geld – und Gott hat mit ihnen seine Geschichte geschrieben.

Und das wird so weitergehen bis in die Ewigkeit – weil ein kleiner Trupp entschlossener Menschen sich von nichts auf der Welt zurückhalten lässt.

Aber wie wird es bis zur Ewigkeit sein?

Immer wieder wird es neue Menschen geben, neue Ideen, neue Schlagworte und Strategien werden aufkommen und uns vorgaukeln, dass unser Durst endlich gestillt wird und die Welt sich nach Gottes Vorstellungen ändert. Aber es ist die alte, ganz unspektakuläre Verbindung des Weinstocks zu seinen Reben, dieses Fließen von Kräften, das Jesus mit uns verbindet. Er ist da für uns. Nur durch das gemeinsame Leben mit ihm können wir die Arbeit und Freude, die er bereithält, genießen!

Mach es zu deinem Ziel, Jesus zu lieben und kennenzulernen, soweit es uns Menschen möglich ist – dann wird sich auch das, was du tust, erfüllen!

Jesus hat es seinen Jüngern in Johannes 15–16 versprochen. Geht in die Welt hinaus mit einer kristallklaren Vision, wie wir die wunderbare Berufung Gottes in unserem Leben freisetzen können. Hier ist sie, zusammengefasst und paraphrasiert nach den Worten Jesu:

Ich habe euch viel gelehrt und gezeigt, aber das Wichtigste möchte ich noch einmal wiederholen. Ihr müsst verstehen, was es für euch bedeutet, wenn ihr das Leben ohne mich in Angriff nehmt. Glaubt mir, es ist besser, wenn ich fortgehe. Ich schicke euch jemanden, der euch erfüllt, ausrüstet, erinnert, an eurer Seite bleibt. Die Beziehung zu mir steht noch ganz am Anfang!

Genießt das, während euer Leben sich entfaltet. Hier, auf dieser Welt, wartet viel Aufregendes auf euch. Habt aber Mut, denn ich habe diese Welt für euch besiegt.

Erinnert ihr euch, als wir gemeinsam durch den Weinberg gewandert sind? Wir haben gesehen, wie der Winzer die einzelnen Reben zurückgeschnitten hat. So kümmert sich auch unser Vater um euch, auch mit „Rückschnitten". Das ist manchmal schmerzhaft und erscheint euch ungerecht, aber er schneidet die Zweige, weil er sie liebt. Habt keine Angst vor dem Schmerz; nehmt ihn hin und ihr werdet erleben, dass ihr anschließend viel mehr Frucht tragt.

Ihr braucht euch dazu nicht anzustrengen. Das bringt nichts. Ich bin der Weinstock und die Quelle; ihr seid nur die Reben, die mit mir verbunden sind. Wenn ihr in meiner Nähe bleibt, ganz eng mit mir verflochten, fließt eure Nahrung im Überfluss, macht euch lebendig, schenkt euch Frieden und Freude, und eure kleine Rebe wird viel Frucht tragen. So funktioniert es.

Wenn wir keine Verbindung mehr miteinander haben, verdorrst du. Du wirst dich leer fühlen und durstig, überwältigt von diesem Leben und deiner Schwäche, und mit Sicherheit bist du nicht in der Lage, anderen zu helfen. Wenn du aber in mir und bei mir bleibst, gebe ich dir nicht nur Wasser und Leben; ich erzeuge durch dich gesunde, lebensspendende Früchte. Der überfließende Weinkrug, die lebendige Quelle, das wunderbare Brot für die Hungrigen, die Heilung und Ruhe, nach der ihr euch sehnt, Kraft und Hoffnung angesichts des Todes – all das strömt in euch und durch euch weiter hinaus in die darbende, durstige Welt.

Vergesst nie, wo ihr all das und noch mehr finden könnt.

Denkt daran, ich bin der einzige Weg. Mit mir, durch mich, wegen mir erhaltet ihr das Leben und könnt es verschenken.

Wie mich der Vater liebt, so liebe ich euch. Bleibt in meiner Liebe! Wenn ihr nach meinen Geboten lebt, wird meine Liebe euch umschließen.«[52]

Jesus.

Zur Ruhe kommen

„Gehört also jemand zu Christus, dann ist er ein neuer Mensch. Was vorher war, ist vergangen, etwas völlig Neues hat begonnen. All dies verdanken wir Gott, der uns durch Christus mit sich selbst versöhnt hat. Er hat uns beauftragt, diese Botschaft überall zu verkünden.“

2. Korinther 5,17–18

Ich glaube an dich! Ich spüre, dass Jesus die Welt durch dich verändern kann. Das Buch ist gleich zu Ende. Was ist dein Traum? Was könnte Gott tun, nachdem du dieses Buch zuschlägst? Was hast du für Hoffnungen?

Ein Gedanke

Was wirst du als Erstes tun, wenn du dieses Buch fertig gelesen hast?

Vertiefung

Schreib einen Brief an dich selbst.

- Was hoffst du?
- Wovon wendest du dich ab?
- Was hat sich aus deiner Sicht durch das Lesen des Buchs verändert?
- Wo könntest du in einem Jahr stehen?

Idee für den Alltag

Ich werde mich von dem Folgenden abwenden:

....

Ich glaube, dass Jesus genug ist für:

....

Du und andere

Wie kannst du deine Erkenntnis in der nächsten Woche an jemand anderen weitergeben?

Epilog
Woran wir glauben

Zu Beginn sind wir davon ausgegangen, dass es jemanden gibt, der uns von unserem Weg abbringen will. Nun hat sich alles verändert. Nun steht für uns nicht mehr dieser Feind im Mittelpunkt, ja, auch wir selbst sind nicht mehr das Zentrum. Worum es geht, ist unser Gott. Er ist derjenige, der uns Freiheit schenkt, er durchströmt uns mit seiner Kraft und Güte und ändert dadurch alles.

Er wird eines Tages für immer unsere tiefsten Bedürfnisse stillen. In der Offenbarung ist die Rede davon: *„Nun zeigte mir der Engel den Fluss, in dem das Wasser des Lebens fließt. Er entspringt am Thron Gottes und des Lammes, und sein Wasser ist so klar wie Kristall. An beiden Ufern des Flusses, der neben der Hauptstraße der Stadt fließt, wachsen Bäume des Lebens.*“[53]

Das kommt auf uns zu. Bis dahin aber erinnert unser Durst uns daran, uns an den Einzigen zu halten, der ihn stillen kann.

Ich bin davon überzeugt, dass unsere Generation aus dem Glauben heraus leben kann, überwältigt von Gott und auf ihn ausgerichtet, anstatt ständig an unsere Grenzen zu gehen und zu versuchen, uns in diesem kurzen Leben zu beweisen. Wir haben eine Aufgabe und einen wunderbaren Gott, der nur für uns da sein will.

Wenn wir uns seiner Fülle und Versorgung anvertrauen, erleben wir Freiheit und Frieden. Nichts hält uns zurück. Wir brauchen dann nicht mehr zu streben. Wir brauchen dann nichts zur Schau zu stellen.

Alles, was wir brauchen, kommt direkt von unserem Schöpfergott, der uns über alles liebt. Und wir können in dem kühnen, mutigen Glauben vorangehen mit den Worten, die er über sich und uns gesagt hat.[54]

Ich bin, der ich bin

Ich bin der Anfang und das Ziel,
ich bin der Erste und der Letzte.

Ich bin Licht; bei mir gibt es keine Finsternis.

Ich habe mit eigener Hand die Fundamente der Erde gelegt
und den Himmel ausgespannt.
Nur ein Wort von mir – und alles stand an seinem Platz.

Ich habe dich schon gekannt, ehe ich dich im Mutterleib
bildete.

Nicht ihr habt mich erwählt, sondern ich habe euch erwählt.
Ich habe euch dazu bestimmt, dass ihr euch auf den Weg
macht und Frucht bringt – Frucht, die bleibt.

Dann wird euch der Vater alles geben,
worum ihr ihn in meinem Namen bittet.

Ich werde euch alles vergeben …
Ich werde all eure Vergehen für immer vergessen.

Die mich aber aufnahmen
und an mich glauben,
denen gebe ich das Recht, Kinder Gottes zu werden.

Wisst ihr nicht, dass ihr Gottes Tempel seid
und dass Gottes Geist in eurer Mitte wohnt?

Mein Geist ist mit dir.

Ich verlasse dich nicht.

Ich helfe euch, in jeder Hinsicht das Gute zu tun und Gottes Willen zu erfüllen.

Denn der Geist, den Gott uns gegeben hat, macht uns nicht zaghaft,
sondern er erfüllt uns mit Kraft, Liebe und Besonnenheit.

Auf diesen Felsen werde ich meine Gemeinde bauen,
und selbst die Macht des Todes wird sie nicht besiegen können.

Ich will euch trösten wie eine Mutter ihr Kind.

Ich werde euch an das erinnern, was ich gesagt habe.

Ich komme schnell und unerwartet.

Meine Gnade hört niemals auf.

Schon bald werde ich kommen …
Ich werde euch nicht mehr lange warten lassen.

Ihr werdet das ganze Land erben.

Ich werde mitten unter den Menschen sein.
Ich werde euch alle Tränen abwischen. Es wird keinen Tod mehr geben.
Seht doch, ich mache alles neu!

Mein Reich kommt.
Mein Wille geschieht hier auf der Erde, so wie er im Himmel geschieht.

Anmerkungen

1 Ben Rector: „If You Can Hear Me,“ The Walking In Between, Aptly Named Records/ROAR, 2013.
2 Jeremia 2,13
3 Johannes 7,37–38
4 Römer 3,23
5 Jeremia 9,22–23
6 2. Korinther 5,10
7 Psalm 23,2–3
8 Psalm 103,12
9 Matthäus 25,40
10 Matthäus 11,28–30
11 1. Johannes 2,6
12 Johannes 1,1–5;9–14 (LU)
13 Johannes 7,37–38 (LU)
14 Jesaja 41,10
15 2. Korinther 12,9
16 Siehe Lukas 22,19–20; 1. Korinther 11,23–25.
17 Hebräer 8,10–13
18 Siehe: www.dictionary.com, „joy“, „entertainment“
19 Psalm 84,11
20 Matthäus 5,29–30, 17,8; Markus 9,43–47
21 Psalm 63,1
22 C. S. Lewis: *Pardon ich bin Christ. Meine Argumente für den Glauben*, Brunnen, Gießen, 1986.
23 Mandy Len Catron: „To Fall in Love with Anyone, Do This,“ *New York Times*, 9. Januar 2015, *www.nytimes.com/2015/01/11/fashion/modern-love-to-fall-in-love-with-anyone-do-this.html.*
24 Jean Vanier: *Becoming Human*, Toronto, Anansi, 2008, S. 7–8. (Übersetzung: I. Flimm)
25 C. S. Lewis, *The Four Loves*, Orlando, Harcourt Brace, 1988, S. 121. (Übersetzung: I. Flimm)

26 Siehe: Matthäus 8,23–27.
27 Siehe: Johannes 6,5–6.
28 Johannes 6,29
29 Jesaja 30,15
30 Johannes 9,39
31 Nach Lukas 5,31–32
32 Philipper 3,8–9
33 Johannes 11,15
34 Psalm 19,2
35 Epheser 2,4–5
36 Philipper 4,12
37 Philipper 4,13
38 Oswald Chambers: *The Big Compelling of God, Called of God*, Grand Rapids, Discovery House, 2015. (Übersetzung: I. Flimm)
39 Römer 8,35; 37–39
40 2 Korinther 10,5
41 Jakobus 5,16
42 1 Johannes 1,8–9
43 Siehe: 1. Korinther 1,27
44 Johannes 1,4–5
45 Johannes 15,4–5
46 Rick LaVasseur: „How Does a Fruit Tree Produce Fruit?", Quora, October 23, 2012, *www.quora.com/How-does-a-fruit-tree-produce-fruit.*
47 1. Thessalonicher 4,11
48 Charles Spurgeon zitiert in: Godfrey Holden Pike und James Champlin Fernald: „The Last Sermon", *Charles Haddon Spurgeon, Preacher, Author, Philanthropist: With Anecdotal Reminiscences*, New York, Funk & Wagnalls, 1892, S. 397.
49 Siehe: Hebräer 10,23
50 Siehe: Markus 12,30
51 Siehe: Markus 12,31
52 Johannes 15,9–10
53 Offenbarung 22,1–2
54 Siehe: 2 Mose 3,14; Offenbarung 11,13; 1 Johannes 1,5; Jesaja 48,13; Jeremia 1,5; Johannes 15,16; Jesaja 43,25; Johannes 1,12; 1 Korinther 3,16; Hesekiel 36,26–27; 5 Mose 31,8; Hebräer 13,21; 2 Timotheus 1,7; Matthäus 16,18; Jesaja 66,13; Johannes 14,26; Offenbarung 3,11; Psalm 138,8; Hebräer 10,37; Psalm 25,13; Offenbarung 21,3–5; Matthäus 6,10

FSC
www.fsc.org
MIX
Papier aus verantwortungsvollen Quellen
FSC® C014496

Die amerikanische Originalausgabe erschien im Verlag WaterBrook Press.
Published by arrangement with WaterBrook Press, an imprint oft he Crown Publishing Group, a division of Penguin Random House LLC. Published in association with Yates & Yates, LLP, Orange, CA, www.yates2.com.

1. Auflage 2018
Bestell-Nr. 817490
ISBN 978-3-95734-490-8

Umschlaggestaltung: Hanni Plato
Umschlagmotiv: Shutterstock
Satz: Greiner & Reichel GmbH, Köln
Druck und Verarbeitung: GGP Media GmbH, Pößneck
Printed in Germany

www.gerth.de